Lyrik der neunziger Jahre

Lyrik der neunziger Jahre

Herausgegeben von
Theo Elm

Philipp Reclam jun. Stuttgart

Universal-Bibliothek Nr. 18048
Alle Rechte vorbehalten
© 2000 Philipp Reclam jun. GmbH & Co., Stuttgart
Copyrightvermerke für die Gedichte siehe Seiten 179–205
Gesamtherstellung: Reclam, Ditzingen. Printed in Germany 2000
RECLAM und UNIVERSAL-BIBLIOTHEK sind eingetragene Marken
der Philipp Reclam jun. GmbH & Co., Stuttgart
ISBN 3-15-018048-1

Inhalt

Ich ein bedingter Reflex

Wenn ich versuche, Geschichte zu denken

Nirgendwo bin ich angekommen

Pflanzen überwachsen die Fenster

ein Stück unseres eigenen Lebens

Vogel Herz

der bach der stürzt ist nicht ein spruchband

Anhang

Einleitung

Ulrich Fülleborn
zum 80. Geburtstag

»Lyrik der neunziger Jahre«? Gemeint ist die neue Aktualität der Lyrik. Das Interesse an Gedichten wächst offenbar mit dem Vergehen des Jahrhunderts und erklärt sich – nimmt man die hier versammelten Texte – aus dem lustvollen Rationalitäts- und Sinnzweifel, der sich als Fin-de-siècle-Larmoyanz eher in den Paradoxien des Gedichts als in der Diskursivität der Prosa aufgehoben weiß. Kein Wunder, daß ausgerechnet Gottfried Benn, der Sänger wollüstig-melancholischer Aprèsludes, zum Spitzenreiter der poetischen Hitliste avanciert, mit der die Münchner Zeitschrift *Das Gedicht* (H. 7, 1999) den Lyrik-Trend popularisiert. Auf unterschiedlichen Niveaus geschieht dies auch andernorts, beim Freistil der topmodischen Poetry Slams (*Das Gedicht*, H. 6, 1998) oder am Ranking-Barometer des Büchner-Preises, der in den neunziger Jahren immerhin fünf Lyrikern zugefallen ist (Biermann, Rühmkorf, Grünbein, S. Kirsch, H. C. Artmann). Hausseverdächtig ist zudem der feuilletonistische Applaus unisono, den höchst anspruchsvolle Lyrik-Anthologien wie Joachim Sartorius' *Atlas der neuen Poesie* (1995) und Raoul Schrotts *Erfindung der Poesie* (1997) erhielten. Wen wundert da noch der Verkaufsgag der Deutschen Verlags-Anstalt. Als poetischen Do-it-yourself-Kurs offeriert sie ein *Lyrik-Spiel zum Fertig-Dichten und Raten-Lassen* (1999). Reclam kontert mit einem *Elektronischen Reimlexikon* (1999) – »und eine leicht zu bedienende strophenkundige Software läßt die schönsten Gedichte gelingen«. Auch die immerwährende *Frankfurter Anthologie*, die von Marcel Reich-Ranicki in der *FAZ* allwöchentlich redigierte Poesie-Lektion, lebt vom allgemeinen Appetit auf Lyrik. Trotz langjähriger Laufzeit erfreut sich die Reihe, wie noch der 22. Jahresband von 1999 zeigt, eines ungebrochenen Zuspruchs.

»Lyrik der neunziger Jahre«: das meint freilich noch etwas anderes, nämlich den zeitgeschichtlichen Gehalt der hier versammelten Gedichte. Geben sie doch Auskunft über die deutsche Bewußtseinslage der vergangenen Dekade. Als Artefakt und Botschaft zeigen sie eine Tendenz, die bereits im Vorgängerband über die »Deutschen Gedichte der achtziger Jahre« anklang[1] und sich im folgenden Jahrzehnt verfestigt hat, nämlich die Zweiteilung der deutschen Lyrik-Szene. Zweigeteilt ist sie einerseits in die Fraktion, die Ulla Hahn als »Ich Erleberin« mit ihrem neuen Programmgedicht *Ars poetica* zustimmend »Erlebnisdichtung« nennt, »Bewußtseinspoesie der alten Art«. Andererseits gibt es die Gruppe, die mit Durs Grünbein ausgerechnet im Gedicht, also in der subjektivsten Gattung, dem cartesianischen »Ich« als »bedingtem Reflex« (*Homo sapiens correctus*) gekündigt und ihm computeranalog als »Neuronales Netz« und »Black Box« die aufklärerische Idealität entzogen hat (*Ode an das Dienzephalon*). Während es dort, in der »Erlebnisdichtung«, vor allem um die bekannten ›Existentialien‹ und deren heutige Sinnfragen geht, um Leben und Liebe, um Kindheit und Alter, um Glück, Trauer und Tod, aber auch um die gegenwärtigen Zweifel an Natur und (Zeit-)Geschichte, geht es hier gar nicht mehr um Themen und deren subjektiven Ausdruck: »Stil, Thema, große Geste, Ausdruck« sind für Grünbein »ein nekrophiles, ältliches Vergnügen«.[2] Gegen all dies

---

1 *Kristallisationen. Deutsche Gedichte der achtziger Jahre*, hrsg. von Theo Elm, Stuttgart 1992 (Reclams Universal-Bibliothek, 8827).

2 Durs Grünbein, »Transit Berlin«, in: D. G., *Galilei vermißt Dantes Hölle und bleibt an den Maßen hängen. Aufsätze 1989–1995*, Frankfurt a. M. 1996, S. 136–143, hier S. 141. Hieraus auch die folgenden Grünbein-Zitate.

(»Altpapier über leere Plätze raschelnd«, S. 140) macht er das »*Okay* der Jungen geltend, ihren Appetit auf Moden, Techniken, Konzepte [...]. Sollten sie die ersten sein, die erkannt haben, daß Identität ein Vexierbild ist? [...] Ihr insgeheimes Credo ist das Rundumoffensein, triebhafte Wachsamkeit inmitten einer Dingwelt, in der das Ich millionenfach zerlegt und aufgelöst wird in ein Vielerlei von Reizen. Der neue Künstler hat kein Programm mehr, sondern nur noch Nerven.« (S. 140 f.)

Das ist natürlich auch ein Programm und hat seine ferne Herkunft in der Bewußtseins- und Sprachkrise der Jahrhundertwende – Hofmannsthal (*Ein Brief*), der Rilke des *Malte Laurids Brigge* und Fritz Mauthner (*Kritik der Sprache*) sind die Ahnen. Freilich wurde ihnen jetzt das Verlust- und Krisenhafte nachdrücklich ausgetrieben. Demonstrativ Unpoetisches wie urbane Zonen, technische Geräte und wissenschaftliches Idiom, Biologie und Körperlichkeit, die Sprache der Medien: Werbesprüche, Pop-songs und Internet-chats – sie bilden das Szenarium, durch das der Nervenkünstler heute surft, »indifferente Schritte, Luftsprünge ins Immaterielle« eingeschlossen (S. 141). Entsprechend ungefällig und sperrig, abstrakt, bruchstückhaft, dissonant und hermetisch ist diese Art der Gegenwartslyrik, geschrieben auf »anatomische Tafeln« (Grünbein) oder in »textadersystemen« (Kling) oder in Tropismen des Wissens (Schrott[3]) – einer »Sprache die nicht länger gehört / die nicht gebraucht werden kann / [...] und auch sonst niemands Habe / ist« (Barbara Köhler, *Nachsatz für L. W.*).

Die Funktionslosigkeit der Sprache, ihr »Rundumoffen-

---

3 Raoul Schrott, »Inventarium II«, in: R. Sch., *Tropen. Über das Erhabene*, München/Wien 1998, S. 206–212. Siehe auch R. Sch., »Der Katalog der Poesie oder über die Funktionalität ihrer Formen«, in: *Minima Poetica. Für eine Poetik des zeitgenössischen Gedichts*, hrsg. von Joachim Sartorius, Köln 1999, S. 37–43.

sein«, ihre ›Programmlosigkeit‹ – weshalb wird sie so gesehen? Wie wird sie verwirklicht? Weshalb die lässige Positivität, das »Okay« der Autoren und die Ästhetikferne ihrer »Dingwelten«? Weshalb der Abschied von der Ich-Identität als »Vexierbild«? Hierzu einige Beobachtungen an dieser von Grünbein repräsentierten Dichtergruppe:

I

Bei Durs Grünbein tritt an die Stelle subjektiver Sinnwendung der Blick für das materielle Faktum. Die Metaphysik weicht der Neurologie, die Empfindung verliert sich im »Sarkasmus« – Coolness, »Spiel mit den Bruchstücken einer abduktiven Logik«[4] –, und die Geschichtsphilosophie erlischt in der Anthropologie (*Biologischer Walzer*). Dort, wo neuerdings doch noch der Sinn für Geschichte und Zeitgeschichte ins Spiel kommt, läßt sich der Autor von deren Erscheinungen nicht überwältigen: »Mach ein Register / All der Dinge, die dir jetzt wichtig sind«, heißt es unbetroffen im Band *Nach den Satiren*.[5] Der resümierende und dabei zeitgemäß unsatirische, d. h. urteils-, da maßstabslose Blick auf die Moderne, die Unwirtlichkeit der Städte und die Schrecken der Zeit, rückt die Zeitgeschichte selbst in Distanz, verwandelt sie in klassische Antike als dem Ursprung der »Satura«. Furios sprachmächtig äschert Grünbein aufs neue Dresden ein – und entfernt es in ein anderes Pompeji: »In manchem Kellergrab, ein Höhlenwunder, / Fand man verbacken Kind und Frau und Mann.«

Bei der Zweiteilung der deutschen Gegenwartslyrik, dem exemplarischen Abstand zwischen Hahn (geb. 1946) und Grünbein (geb. 1962), mögen Generationsunterschiede mit-

---

4 Durs Grünbein, »Drei Briefe«, in: D. G., *Galilei vermißt Dantes Hölle* (Anm. 2), S. 40–54, hier S. 50.
5 Durs Grünbein, *Nach den Satiren*, Frankfurt a. M. 1999, S. 93.

spielen und zugleich die Infiltration der ehemaligen DDR-Avantgarde (der ›Prenzlauer-Berg-Connection‹) mit ihrer Moderne-Rezeption und spektakulären Resistance aus »Kwerdeutsch« (Papenfuss) und Sinnverdikt in die gesamtdeutsche Lyrik[6]: Auch die Kölnerin Brigitte Oleschinski (geb. 1955) möchte nicht urteilen, nichts »Programmatisches über Gedichte« sagen.[7] Wie Grünbein ist auch ihr das Ich nur ein Nervenreiz, obendrein manipulierbar wie eine Maschine (*Mental Heat Control*). Auch der Österreicher Raoul Schrott (geb. 1964) verwirft die Hermeneutik der Natur als subjektive Täuschung, als »Ohnmacht«, als Entfremdung von den Dingen, als erhabenes Scheitern an der Unantastbarkeit der Natur – der allein die befremdlichen Bildformen (Tropen) des Gedichts gerecht werden.[8] Für die Münchnerin Ulrike Draesner (geb. 1962) ist der Mensch kein cartesianischer Ich-König, sondern à la Benn ein »ausschlachtbody« (*autopilot III*). Und der Kölner Thomas Kling (geb. 1957) spricht mit seinen »Sprachinstallationen«, verqueren Versbruchstücken und Wortarchäologien bzw. »Relaunchings« (d. h. Aufnahmen vergessener Wörter ins Gedicht[9]) das »Aus« über das alte idealistische Subjekt und damit auch – siehe oben – über die vertraute, zweckgerichtete Rede (*der bach der stürzt ist nicht ein spruchband*). Er befindet sich damit in nächster Nähe zu den primär am Materialcharakter der Sprache orientierten Vertretern der Konkreten Poesie, etwa der Wiener Schule (Mayröcker, Jandl) und Oskar Pastiors, mit ihren Rückbezügen zum Dadaismus und Surrealismus. Freilich geht es ihm, ähnlich wie Papenfuss und Rosenlöcher, nicht um die formalästhetische

---

6 Vgl. *Kristallisationen* (Anm. 1), »Einleitung«, S. 30–35.

7 Brigitte Oleschinski, »die Plejaden on MTV«, in: *Minima Poetica* (Anm. 3), S. 91–96, hier S. 94.

8 Schrott, *Tropen* (Anm. 3), S. 8.

9 Thomas Kling, *Itinerar*, Frankfurt a. M. 1997, S. 28.

Instrumentalisierung der Sprache allein, um das Spiel mit dem Sprachlaut oder um das Ideal einer rein sprachlogischen Kommunikation, die durch Anordnung, assoziative Weiterentwicklung oder Variation der in das Gedicht eingeführten Sprachbilder und Wortfügungen erzeugt wird (Mayröcker, Pastior). Statt dessen steht bei ihm (sowie bei Papenfuss und Rosenlöcher) das Sprachspiel des Textes, das überhaupt erst die Welt erschafft (*Manhattan Mundraum*), zunächt einmal im Dienst der Kulturkritik: In Klings hier nur teilweise abgedrucktem Zyklus *stromernde alpmschrift* ergibt sich aus sprachlichen Fertigteilen und Klischees, Klangassoziationen, parodistischem Buchstabentausch und dem anarchischen Spiel mit dem Absurden ein Palimpsest aus Zeitgeschichte (»riefenstahl«, NS-Pathos), Technik (»nebelmaschine«), Trivialkunst (»alpmmaler«), Religionsgeschichte (»christianisierte gipfel«) und Tourismusjargon (»erstesahnewant«) – die Alpen werden chaotisch verzweckt und semantisch zerstückt. Es ist das Ende jener frohgemuten Aufklärung, an deren Beginn Albrecht von Hallers Lehrgedicht *Die Alpen* (1729) die zivilisationsferne Ursprünglichkeit und Schönheit der noch unberührten Bergnatur preist. In Thomas Klings ›Ich‹-auflösendem ›Stromern‹ durch standardisierten Slang, Stereotypen, Sprachpartikel und Satzruinen wird dagegen die Entfremdung von der bei Haller einst staunend gewahrten Bergwelt herausgestellt. Freilich ragt über Klings Entfremdungsszenario kein erhobener Zeigefinger, wichtiger sind Sprachwitz und Pointenspaß. Das gleiche gilt für Papenfuss und Rosenlöcher. Moralische Erhitzung und Endzeitlamento sind ihre Sache nicht. Und schon gar nicht bedienen sie die Lesererwartung kompensatorischer Allverbundenheit und entlastender Existenzbesinnung. Mit den an wissendem Ton, festem Wertmaßstab und Subjektgewißheit orientierten »Bauchnabelbetrachtern« (siehe oben Ulla Hahn) will Kling als Sprecher seiner Dichtergruppe grenzziehend nichts zu schaffen haben. Ihr Tun ist für ihn unwiederbringlich verloren: »Agnes-Miegel-Gedächtnishäkeln«.[10] Der Touch des spielerisch Unernsten, die Leichtigkeit der Assoziation und die ironische Schlagfertigkeit, die über seinen eigenen freirhythmischen Texten liegt, präsentieren die neunziger Jahre als kulturelles und politisches Laissez-faire. Dies nimmt der Kritik freilich ihr Gewicht und nähert dann Kling nebst Papenfuss und Rosenlöcher dann doch so unterschiedlichen Autoren wie Jandl und Pastior, Gernhardt und Treichel oder auch von Petersdorff an, der seine smarte Standpunktlosigkeit selbstironisch outet: »Außen *Colucci* und innen: / *Das obstinate Gemurmel einer / Sprache*, das bin ICH. [...] ICH HABE KEINE ERFAHRUNGEN. / Ich flottiere doch nur / auf einer Signifikantenkette.«[11]

Zustimmend, wenn auch mit höherem Selbstanspruch spricht Durs Grünbein vom »Transitorischen der heutigen Kunst«. Der Künstler nehme nicht Positionen ein, sondern passiere Orte. »Dies ist, im Zeitalter der Beschleunigung und Medialisierung, vermutlich die eigentliche Bewegung. Das frühe Zuhausesein in den Medien, die ihrerseits transitorische Orte, also Nicht-Orte sind«, führe zu einem Gedicht, das »allenfalls noch Ausschnitt [ist], Provisorium, kurze Pause im Sperrfeuer der Reproduktion oder flüchtiges Indiz, listig einer anonymen Semantik entrissen. Sprachlich hat es, gerade wegen seiner Polyvalenz, jeglichen Zusammenhang verloren.«[12]

Die Vorstellung der »transitorischen« oder kurz: der ›Transit-Poesie‹ schließt den neuerdings erweiterten Kunstbegriff ein, nämlich das Verständnis des »Anästhetischen«,

10 Ebd., S. 22.
11 Dirk von Petersdorff, »In der Tiefe«, in: D. v. P., *Wie es weitergeht. Gedichte*, Frankfurt a. M. ²1998 (¹1992), S. 63 f.
12 Grünbein (Anm. 2), S. 142 f.

des unsinnlich Funktionellen oder krude Materiellen als Instanz des Ästhetischen, das sich seiner Aufhebung durch schöne Konsumtion widersetzt. Die anästhetisch akzentuierte Ästhetik, von der Wolfgang Welsch spricht[13], gründet ja auf der Abwesenheit grenzenziehender Standpunkte, Programme und Bekenntnisse. Noch den ästhetischen Entfernungen aus der konventionellen Wirklichkeit haftet das Anästhetische eben dieser Wirklichkeit an, die für sich allein keinen Empfindungsimpuls, keine Sensibilität auslöst. Das heißt mit anderen Worten: Keine Klingsche »Sprachinstallation«, d. h. keine poetische Spracherneuerung, ohne das Palimpsest aus Slang, Werbung und Fachidiom; keine Schrottschen Tropen ohne die Termini der Wissenschaft; keine Verwandlung der Möbel in wunderbare Wälder ohne die instrumentelle Verzweckung der Dinge (Köhler, *Möbel*); keine schmetterlingshafte Leichtigkeit ohne die Bewußtseins-Enge des banalen Autotankens (Oleschinski, *Wie eng, wie leicht: ein Tankflügel-*), keine Apokalypse-Vision ohne die verrosteten Trabis und verrotteten Hinterhöfe der ›abgewickelten‹ DDR (von Petersdorff, *Leipziger Wandteppich*). Mit einem Wort Uwe Wittstocks: »Der gegenwärtig durchlebte gesellschaftliche Modernisierungsschub [...] wird in die Gedichte aufgenommen, ohne daß ihn die Autoren gleich dämonisieren.«[14] Oleschinski spielt in ihrem Gedicht *Wie eng, wie leicht: ein Tankflügel-* nicht etwa kritisch oder gar aggressiv die Natur gegen die Technik aus, denn Tankstutzen und Schmetterlinge beziehen sich aufeinander und brauchen sich deshalb – »leicht« ist das

---

13 Wolfgang Welsch, »Ästhetik und Anästhetik«, in: W. W., *Ästhetisches Denken*, Stuttgart ²1991 (Reclams Universal-Bibliothek, 8681), S. 9–40, hier S. 10.
14 Uwe Wittstock, »Vier Neue. Postmoderne Tendenzen in der jüngsten deutschsprachigen Lyrik«, in: *Die Neue Rundschau* 105 (1994) H. 4, S. 137–140, hier S. 139.

Leichte nur im Verhältnis zum »Engen«. Und wie »eng« die prosaische Alltagswelt ist, wird erst dort vorstellbar, wo sie sich in der Phantasie öffnet. Wie auch anderswo in der gegenwärtigen ›Transitpoesie‹ schwingen die materielle Wirklichkeit (mit den Begriffen der Technik und Naturwissenschaft, Ökonomie oder Medizin) und das Imaginäre (Traum-Stimmung, Halluzination, Mythen und Magie, witzige Paradoxien und spielerischer Nonsense) ineinander. Durs Grünbein nennt dies: »Schreiben am Schnittpunkt sehr vieler Stimmen«. »Gemeint sind hier nicht nur die Stimmen im Kopf [...] gemeint sind auch die realen Stimmen draußen, ihr urbanes Gemurmel.«[15] Die Befreiung der zeitgenössischen Wirklichkeit aus den »ferfestigungen / ferfestigter Zungen / & bekwehmlichkeiten« der Konvention (Papenfuss[16]) ist an eben jene »ferfestigungen« gebunden. Das Anästhetische, d. h. das der sinnlichen Wahrnehmung widerständig banal Alltägliche, Selbstzweck noch in der sogenannten Alltagslyrik der siebziger Jahre, ist damit in der hier vorgestellten Lyrikergruppe nicht Gegensatz, sondern Teil des Ästhetischen. Den von Schiller bis Adorno reichenden Glauben an das Ästhetische als das Autonome, das der geschichtlichen Zeit reinlich enthoben sei – diesen Glauben verwerfen die ästhetisch-anästhetischen Gedichte der Gegenwart. Und weil mit der Grenzöffnung zwischen anästhetischer Realität und ästhetischer Fiktion Vereinbarungen hinsichtlich Sprache und Vorstellung hinfällig werden, ist das Ergebnis oft nicht mehr meßbar an alten Harmonieregeln, Reimklängen und Konsonanzen.[17] Vielmehr sind es

---

15 Grünbein (Anm. 4), S. 46.
16 Zit. nach Michael Brauns ausgezeichnetem Aufsatz »In aufgerissenen Sprachräumen. Eine Begegnung mit Gedichten der neunziger Jahre«, in: *Deutschsprachige Gegenwartsliteratur. Wider ihre Verächter*, hrsg. von Christian Döring, Frankfurt a. M. 1995, S. 271–286, hier S. 278.
17 Vgl. Braun (Anm. 15).

Dissonanzen, Dekonstruktionen von Sinn und Syntax, Collagen aus Alltagsjargon und Fachterminologie, die die befremdliche Ästhetik der Gedichte ausmachen, ihre Hermetik.

Mag die Hermetik, die einst politisch motivierte Sperrigkeit der jungen Wilden vom Prenzlauer Berg (Anderson, Schedlinski, Kolbe, Rathenow, Papenfuss usw.) fortwirken – entscheidend ist sie nicht für die Genese der hier vorgestellten Lyrik-Gruppe, die scheinbar auf der Spur der klassischen Moderne vom späten Rilke bis Celan alles subjektzentriert »Verläßliche« zu verlassen auffordert (Köhler, *Möbel*). Entscheidend ist auch nicht der behavioristische Materialismus, mit dem die in der DDR Aufgewachsenen, wie Grünbein oder Köhler, die innere Organisation des Menschen auf bedingte Reflexe und kollektive Verhaltensmuster zurückzuführen gelernt haben mögen.[18] Entscheidend ist auch nicht die altersbedingte Distanz der ›jungen‹, um 1960 geborenen Autoren zur altbürgerlichen Idee von der über die Welt verfügenden Macht des Subjekts. Das sind allenfalls sekundäre Gründe für die Abzweigung der metaphysikfreien Gegenwartslyrik vom Traditionsstrang der »Erlebnisdichtung« (Hahn).

Entscheidend für die heute zweigeteilte Situation der deutschen Lyrik ist vielmehr das, was bereits in den achtziger Jahren erkennbar war und jetzt weitere und deutlichere Folgen nach sich gezogen hat – nämlich die »Kristallisation« der Kultur, ihre durchaus reizvolle Erstarrung, die Arnold Gehlen einst anläßlich der Wirtschaftswunder-Nachkriegszeit bemerkte und die seit den späten siebziger Jahren wieder Konjunktur hat.[19] Auch aus der Vereindeutigung der

18 Siehe Grünbein (Anm. 4), S. 47.
19 Arnold Gehlen, »Über kulturelle Kristallisation«, in: A. G., *Studien zur Anthropologie und Soziologie*, Darmstadt/Neuwied 1963, S. 311–328, bes. S. 321, 325. – Vgl. auch *Kristallisationen* (Anm. 1), »Einleitung«.

Politik (dem Ende der Ost-West-Ambiguität) und der Technik (dem globalen Primat der Kommunikationselektronik) haben sich in den neunziger Jahren keine eindeutigen Sinnmuster und Zukunftsvisionen ergeben. Anstelle universeller Weltinterpretationen – »Schlüsselattituden« (Gehlen), »Metaerzählungen« (Lyotard) – bleibt, kristallin erstarrt, die bunte Mannigfaltigkeit bzw. Variation der kulturellen »Bestände« (Gehlen) vor einer exzentrischen und auskunftslosen Welterfahrung das einzig gemeinsame Vielfache der hier aus einigen hundert Gedichtbänden gefilterten Repräsentanten deutscher Gegenwartslyrik. Sie alle haben sich, wie es scheint, eingerichtet in der Kultur der Kristallisation. Sie teilen gelassen Günter Kunerts Fazit: »Utopia gründlich verkarstet«, Michael Krügers Verdacht: »Wo wir sind, scheint keiner zu wissen« und Jürgen Beckers achselzuckende Lakonie: »kann sein, / die nächste Seite weiß mehr«. Gelassen sind sie, denn auch in Zeiten der Kristallisation läßt sich prächtig dichten: Wo schon das »Knirschen der Weltenesche [...] herauszuhören« ist, gibt es, so tröstet sich Peter Rühmkorf, immer noch »jenen Rest von Narretei und Gaukelwesen [...], der dem Reim anhängt wie eine unabschüttelbare Mitgift.«[20] Aber der Trost der Poesie allein genügt nicht. Die kulturelle Kristallisation erfordert noch ganz andere, unterschiedliche Konsequenzen. Und die eben teilen die deutsche Gegenwartslyrik in zwei Gruppen. Aus Kunerts exemplarischer Diagnose, daß nämlich die »Kosmologien«, die »zwischen den Fixsternen Platon / und Stalin« gespannten Weltentwürfe menschlicher Subjektivität, in der geschichtlichen »Praxis« als freischwebende Irrtümer erkannt seien, folgt nicht nur die subjekt- und geschichtslose ›Transitpoesie‹ eines Grünbein, Schrott, Kling

20 Peter Rühmkorf, *agar agar – zaurzaurim. Zur Naturgeschichte des Reims und der menschlichen Anklangsnerven*, Frankfurt a. M. 1985, S. 131 f.

oder von Petersdorff, einer Oleschinski, Köhler oder
Draesner, eines Papenfuss oder Rosenlöcher. Es gibt auch
andere Folgerungen, um dem geschichtlichen Augenblick
zu begegnen. Es sind die (kompensatorischen) Folgerungen
eben jener ›Erlebnisdichtung‹, für die Ulla Hahn plädiert –
als Vertreterin der Gegengruppe in der Lyrik heute:

II

Gewiß, Utopia, so Kunert, ist verdorrt (*Kosmologie*) –
aber um so kräftiger blüht Arcadia. Weil die Zukunft ver-
schlossen scheint, wendet sich der Blick zurück. Arkadien
hat viele Facetten. Eine ist zunächst jenseits sinnverschlos-
sener Aufgeklärtheit die Kindheit: »In der Kindheit / habe
ich das Universum erkannt«, erinnert sich Kunert (*Gott-
gleich*); in der Kindheit leuchtete der Fortschritt, und zwar
konkret wahrnehmbar als Versprechen für die Zukunft, ent-
sinnt sich Kiwus; hell schien die Kindheit, sehnt sich Bor-
chers zurück; und Mayröcker ergänzt: weil das vernünftige
Bewußtsein noch dunkel war. Während die ›Transitpoesie‹
gerade nur für den Moment da ist, im »*moment juste*« exi-
stiert (Grünbein[21]), tendiert die gegenwärtige ›Erlebnisdich-
tung‹ mangels aktueller Idee und utopischer Vision zur
subjektiven Erinnerung – entlastend an ein vermeintliches
Arkadien. Aber Arkadien ist nicht allein die Kindheit des
Ich. Arkadien ist auch der Ort einer verlorenen Sozietät:
Eltern oder Großeltern gehören dazu. Und sie sind nicht
mehr repräsentativ Schuldige vor dem Tribunal der Zeitge-
schichte wie noch in den siebziger Jahren, sondern haltge-
bende Autoritäten (Kolbe, Hahn, Mayröcker, Kunze, Neu-
mann). Arkadien ist auch der über die Politik hin verlorene

---

21 Grünbein, »Transit Berlin« (Anm. 2), S. 143.

Traum vom nicht entfremdeten Leben, das nie verwirklicht wurde und jetzt für immer vorbei ist im vereinigten Deutschland – vereinigt nach westlich-kapitalistischer Lebensart (Braun, Czechowski, Kolbe, Rosenlöcher, Rathenow, Schacht, Drawert). Mit Resignation oder Larmoyanz teilen die älteren ostdeutschen Autoren, mit Ironie, Komik oder Lakonie überspielen die jüngeren Kurt Drawerts Einsicht: »Nirgendwo bin ich angekommen. / Nirgendwo war ich zuhaus.«

Arkadien ist weiterhin der Beginn der aufklärerischen Moderne, an deren Ende man sich glaubt (Kunert, *Abirrungen*). Ist Utopia verdorrt, so erscheint Arcadia in den zukunftslosen Gedichten der neunziger Jahre unter dem Licht utopischer Sehnsucht als Rückblick auf die vergangene Morgenröte des Subjekts. Darüber kann sich der coole Transitpoet von Petersdorff nur mokieren: »Kino« sei das, ein Murmeln »alter Sätze«, Bloch-Lektüre und Einschlaf-Übung (*Haltlos sind wir,*). Dabei hätten die verhinderten Utopisten gern wenigstens die Nachkriegsmetaphysik des Absurden gegen die ziellose Beliebigkeit ihrer kristallinen Gegenwartskultur eingetauscht. Doch Camus ist fern (Haufs), und Sisyphos ist freigesprochen (Drawert). Auch dafür ist von der Gegenseite ein Quantum Ironie fällig: »Was für Zeiten«, amüsiert sich Treichel genüßlich, »als alles / noch sinnlos war«.

Daß sich die konservativ-utopische Rückwendung eines Teils der Gegenwartslyrik mit dem ebenso auffällig häufigen Vorausblick auf Alter und Tod verbindet (Haufs, Domin, Kunze, Borchers, Malkowski, Fritz, Gernhardt, Krolow, Hahn), ist kein Widerspruch. Beide Perspektiven bedingen einander. Denn erst das Bewußtsein der Finalität des Daseins provoziert kompensatorisch den sentimentalischen Sinn für Anfang und Frühe (Domin). Erst das (zumeist illusionslose) Vorauswissen der Gegenwart, das lakonische

Eingeständnis der Fremdheit des Todes im modernen Leben (Haufs, Malkowski, Fritz, Krolow) weckt die Erinnerung an Zustände der Identität. Damit verrät die Tendenz zur Erinnerung die Anciennität dieser Lyrikergruppe oder das ihr entsprechende Lebensgefühl. Scharf getrennt von solch existentieller Sorge ist das Satyrspiel um das Todesmotiv bei den Transitdichtern – in den Lyrikbänden von Grünbein (*Den Teuren Toten*) oder Papenfuss (*Mors ex nihilo*). Bei Grünbein wird das würdevolle Pathos des Epitaphs gegen die banalen oder bizarren Todesarten des heutigen Alltags ausgespielt, bei Papenfuss wird mit Montagen aus Bestatterjargon und Mediengeplapper die Nichtswürdigkeit des Todes, genauer: seine kapitalistische Vermarktung, sprachwitzig karikiert.

Arkadien ist vor allem ein Wunschort der Natur, in der das Ich aufgehoben sei – vielleicht als »Mandelbaum [...] am Südhang der Pyrenäen« (Domin). Die Ökolyrik der siebziger Jahre, der Verschnitt aus Politik und Idyllik, der Ruf nach Rettung der ›grünen‹ Natur vor der industrialisierten Fortschrittszivilisation – das ist längst vorbei. Auch die ›Naturgedichte‹ der neunziger Jahre stehen häufig unter rückwärts gewandtem Blick. Für Helga M. Novak ist der Wald – »mein Heim und dauerndes Versteck« – ein »Traum meiner Kinderjahre«, zu dem es nur noch den Zugang der Erinnerung, des subjektiven Innewerdens gibt. Erinnerung ist die Natur auch für Sarah Kirsch, eine Verlockung der Romantik, gebildet aus Mythen und Märchenmotiven; ihr heute zu folgen läßt freilich das Herz zwischen Sehnsucht und Fremdheit »knirschen gegen sich«. Vernunft und Natur – über diesen Widerspruch hilft nur der Humor (Neumann) hinweg oder die Nostalgie (Theobaldy): »Unerreichbar nah« ist für den rückblickend Spätgeborenen die Biene im Bernstein – »dazwischen dies halbe Jahrtausend aus Glas«. Das Entfremdungserlebnis des (gegenwärtigen) Ich angesichts der (vergangenen) Natur (Hensel) und seine Entlastungen – das ist, wo auch immer das Subjekt sich ausspricht, die sentimentalische Signatur heutiger Naturgedichte: Rousseauismus minus Sozialkritik. Sentimentalisch sind die genannten Gedichte und Autoren auch deshalb, weil dem Thema der Fremdheit keineswegs die Verfremdung ihrer erlebnislyrischen Texte entspricht; die folgen vielmehr, wie heute üblich, in freirhythmischen Versen, ungereimt und von der Atemregel bestimmt, der vertrauten Sinnerwartung des Lesers und haben sich zusammen mit ihm in der Naturentfremdung eingerichtet, wie es scheint. Ein Rückblick auf Thomas Klings Alpengedicht (s. S. 173), auf seinen dekonstruktivistischen Sprachenverschnitt, in dem die Natur, zum Funktionsobjekt degradiert, zugrundegeht, zeigt exemplarisch den Abstand zwischen den beiden Gruppen der Gegenwartslyrik, der ›Erlebnislyrik‹ und der ›Transitpoesie‹.

Auch andernorts, nicht nur in der ›Natur‹, wird die Erinnerung als existenzvergewissernde ›Wiederholung‹ (Kierkegaard) in kristalliner Zeit zur Grenzmarkierung der heute zweigeteilten Lyrik. Andernorts: Gemeint ist die ›Zeitgeschichte‹. Die Zeitgeschichte ist vor allem das Ressort der ›Erlebnislyrik‹ – während sich die flottierende ›Transitpoesie‹ über die ›Geschichte‹ hinausschwingt oder sie durch sinnfreie Wissensbereiche ersetzt. Für von Petersdorff ist die Geschichte nur für das Museum geeignet (*Im Museum der Geschichte*), bei Treichel verfällt sie zu einem sich ständig relativierenden »Vorbeisein« (*Moderne Zeiten*), und bei Schrott tritt die Biologie an die Stelle der Geschichte (*Eine Geschichte der Schrift IV*). Anders als in den achtziger Jahren geht es hier nicht mehr um den Sinnlosigkeitsverdacht oder die Sinnenttäuschung gegenüber der Geschichte[22],

22 Vgl. *Kristallisationen* (Anm. 1), S. 28.

denn darüber sind die Transit-Autoren der Neunziger hinaus. Um so auffälliger ist der Kontrast zu den Erlebnislyrikern, die, wie teils schon im letzten Jahrzehnt, immer noch die sinnzerstörende Vergangenheit aus Faschismus und Weltkrieg episch erinnern und in konkreten Alltagssituationen fixieren. Im Gegensatz zur akademischen Zeitgeschichtsforschung plädieren die Gedichte von Hartung, Sartorius, Herburger, Biermann, Kirsten, Laschen, Beyer, Haufs – oder auch Söllners an Huchel geschulte Vermittlung von Geschichts- und Naturerleben – für die Aktualität und die subjektive Erlebniswirklichkeit des scheinbar Vergangenen.

Den Älteren kommt dabei mit den Szenarien des Alltäglichen und dem prosanahen Parlando ihre eigene alltagslyrische Vergangenheit der siebziger Jahre entgegen. Aber die übertragbar existentiellen Situationen der Angst, der Trauer, des Sterbens und der Verdrängung, die uns in diesen Gedichten begegnen, entwerfen noch 50 Jahre nach dem Ende des Dritten Reichs im Sinne Richard von Weizsäckers »ein Mahnmal des Denkens und Fühlens in unserem eigenen Inneren«[23]. Die Zweifachbelichtung von Gegenwart und Vergangenheit (Sartorius, Laschen, Haufs, Herburger, Biermann), die Überblendung von Drittem Reich und DDR-Diktatur (Kirsten) oder die akustische Verschränkung von Traklscher Herbstverklärung und Todeserfahrung (Beyer, *Verklirrter Herbst*) – kein Zeithistoriker würde dem konkreten, unabgeklärten und vielfacettierten Erlebnishorizont der Geschichte in gleicher Weise gerecht wie die Gedichte mit ihrer ambivalenten Bildhaftigkeit und ihren klanglichen Sinnesreizen. Sie besitzen ein komplexeres Wissens- und Assoziationsregister als die Begriffssprache der Historie: Sie

23 Richard von Weizsäcker, »Der 8. Mai 1945 – 40 Jahre danach«, in: R. v. W., *Von Deutschland aus. Reden des Bundespräsidenten*, Berlin 1985, S. 13–35, hier S. 21.

enthalten auch das, was die wissenschaftliche Sprache über-
steigt, Unbegreifliches, Fremdes, Paradoxes, Unbewußtes –
denn sie sind die »Mitteilung des nicht Mitteilbaren«, so
Hilde Domin[24], sie sind das »Dunkle, das Geheimnis, das
Zwischen«, so Ulla Hahn[25]. Sie sind, so Peter Horst Neu-
mann, ein Netz, in dem sich der Leser verfängt, wenn er sie
als Interpret nicht zerstört (*Die allegorische Spinne*). Eine
begrifflich unsagbare, eine verborgene, subjektive Ge-
schichte tritt hier zutage, vor allem eine Geschichte des
Dritten Reichs und auch der DDR (Czechowski, Kolbe,
Kirsten), die sich heute nicht mehr als ›Bewältigung‹, son-
dern als ›Gedächtnis‹ versteht, nicht mehr als moralisches
Engagement, sondern als lastende Erinnerung – als Erinne-
rung, mit der sie freilich in die Gegenwart reicht und deren
kristalline ›Posthistoire‹ widerruft.

Es liegt aber gerade an der andernorts vorgestellten ›Post-
histoire‹, an der Stimmung der universellen Bindungs-,
Sinn- und Ziellosigkeit, freilich bei tagtäglicher Geschäftig-
keit im Detail (Kunert, *In Ketten*), daß ein Thema an
Schärfe, Brisanz und existentieller Ernsthaftigkeit eingebüßt
hat: die Liebe. Dabei ist sie seit jeher, von Sappho bis Kro-
low, das Thema der Lyrik. In den siebziger, achtziger Jah-
ren hat die Liebe noch viel Dramatik aufgewirbelt, wie an
der einschlägigen Anthologie von Hiltrud Gnüg abzulesen
ist.[26] Heute aber? Während Sarah Kirsch 1977 mit melan-
cholischem Pathos den Winter der Liebe ahnte (*Die Luft
riecht schon nach Schnee*[27]), fliegt sie heute mit gehöriger

24 Hilde Domin, *Wozu Lyrik heute. Dichtung und Leser in der gesteuerten
   Gesellschaft*, Frankfurt a. M. 1997, S. 28.
25 Ulla Hahn, *Poesie und Vergnügen – Poesie und Verantwortung*. Heidel-
   berg 1994 (Heidelberger Universitätsreden, 7), S. 31.
26 *Nichts ist versprochen. Liebesgedichte der Gegenwart*, hrsg. von Hiltrud
   Gnüg, Stuttgart 1989 (Reclams Universal-Bibliothek, 8559). [Eine aktuali-
   sierende Neuauflage ist in Vorbereitung.]
27 Sarah Kirsch, *Rückenwind. Gedichte*, Ebenhausen b. München 1977, S. 12.

Selbstironie auf den Wolken ihrer Sehnsucht zum Geliebten hin – hat sie selbst doch keine Flügel, auch keine »Entenflügel«, ja nicht einmal »Entenfüße« (*Ich werde dich bald erreichen*). Während Ursula Krechel noch 1977 die Liebe als »schreckliche Unordnung [...] in einer Schublade« verschloß (*Liebe am Horizont*[28]), läßt sie heute solche Liebes-Aufregung kalt (*Wann werde ich aus Liebe sterben?*). Während Elisabeth Borchers noch 1976 rät: »Laß ihn sausen« (*Utopischer Rat*[29]), zerbricht ihr heute die Welt, da der Geliebte fort ist: »Das Dach zerblättert / und die Tür fällt ein«. Also doch: Liebesleid als Drama, als Weltensturz? Weit gefehlt. Borchers nennt ihr Gedicht *Liebesgedichte* – das Drama wird als Meta-Liebesgedicht ausgestellt und damit zur bloßen Fiktion erklärt, zur Simulation, zum ›Als ob‹. Ähnlich Wolf Wondratschek, der die irdische Vergänglichkeit der Liebe nicht wie seine Vorgänger Baudelaire (*Une Charogne*) und Brecht (*Erinnerung an die Marie A.*) in der Erinnerung noch einmal durchlebt, sondern das Erlebnis mediatisiert – die Liebe wird zum *Lied von der Liebe*.[30] Auch will Wondratschek vom Ideal der Liebe nichts mehr wissen – eine »Handvoll Erde« soll die Liebe sein: »Da hast du gesagt: das da / in deiner Hand, so will ich, / daß ich werde.« Die Liebe ist nicht mehr jene »sehr weiße Wolke«, die freilich auch bei Brecht schon zwischen Ironie und Wehmut entschwindet, ein Transzendenzrest der Baudelaireschen »Göttlichkeit«.

Das Thema der Liebe gibt sich heute ohne Tiefsinn und ohne Vehemenz. »Vergiß nicht: einiges an dir / war so, daß ich es gern hatte« beginnt Karl Krolow bedachtsam sein

28 Ursula Krechel, *Nach Mainz!*, Darmstadt/Neuwied 1977, S. 48.
29 Elisabeth Borchers, *Gedichte*, ausgew. von Jürgen Becker, Frankfurt a. M. 1976, S. 71.
30 Wolf Wondratschek, »Lied von der Liebe«, in: W. W., *Liebesgedichte*, Zürich 1997, S. 7.

Liebesgedicht (*Einiges an dir*), und ähnlich verhalten endet Dagmar Nick mit der Selbstbeschränkung, »zu lieben, was mir / nicht gehört« (*Vorsorge*). »Dein Herz bei mir«? zweifelt Ulla Hahn (*Stillständiges Sonett*), und Doris Runge blickt mit kontrollierten Gefühlen auf die zwei umnebelten Türme des Kölner Doms und gewinnt daraus die Metapher für die Ungewißheit der partnerschaftlichen Lebensreise; die Großartigkeit der beiderseitigen Liebe bleibt im notwendigen Alltag des Lebens verborgen: »wir frühstücken / apfel und ei / erkennen / daß wir im nebel / reisen müssen« (*mit blick auf den kölner dom*). Mehr noch: Es fehlt das Sprachvertrauen, der Glaube an die Kraft der Worte für die vernunftsprengende Sinnlichkeit der Liebe, und allenfalls das Wunderbare einer Märchenmetapher kann sie umschreiben (Ute Riedl, *Vogel Herz*).

Skepsis, Lakonie, nonchalanter Realitätssinn, oft auch ironische Distanz zum eigenen Ich bestimmen die Liebeslyrik. Sie ist heute gleich weit entfernt von der Liebesidealität einer Marie Luise Kaschnitz in den Nachkriegsjahren – »Wie du mir nötig bist? Wie Trank und Speise / Dem Hungernden [...] / So lieb ich dich«[31] – und der emanzipatorischen Aggressivität einer Karin Kiwus in den feministischen siebziger Jahren: »wenn ich dann im ersten Licht / deinen fetten Arsch sehe / [...] / dann weiß ich wieder / daß ich dich nicht liebe.«[32] Merkwürdig desensibilisiert und unbetroffen bleibt die heutige Liebeslyrik. Sie ist Hypothese, ist Erinnerung, Simulation oder Imaginationsangebot: »Wenn ich auch dorthin könnte / [...] / Dorthin zu dir [...]« (Kirsch). »Wann werde ich aus Liebe sterben? [...] Wohl nie« (Krechel). »Dein Herz bei mir?« (Hahn). »Ver-

31 Marie Luise Kaschnitz, »Maß der Liebe«, in: M. L. K., *Überallnie. Ausgewählte Gedichte*, Hamburg 1965, S. 99.
32 Karin Kiwus, »Im ersten Licht«, in: K. K., *Von beiden Seiten der Gegenwart*, Frankfurt a. M. 1976, S. 46.

giß nicht: einiges an dir / war so, daß ich es gern hatte«
(Krolow). »Früher [sic] liebten wir uns / über dem Ab-
grund« (Nick).

Kompensiert wird die Temperiertheit solch virtueller
Erotik allenfalls durch die Intensität einer anderen Liebes-
form – der Nächstenliebe, der Zuneigung und Zuwendung,
der Fürsorge, der Karitas, kurz: des Mitleids. Das ist ver-
ständlich, wenn man Mitleid, verglichen mit dem weitaus
unmittelbareren Gefühl der erotischen Liebe, als einen Af-
fekt der Distanznahme, ja der Unpersönlichkeit versteht.
Ein Hauch von Mitleid nur, und alle Erotik ist zerstört.[33]
Vor allem Ulla Hahn und Friederike Mayröcker stehen ein
für dieses distanziertere Gefühl, für diese Schwachform der
Liebe. So unterschiedlich beider Artistik auch sein mag –
hier assoziatives Sprachspiel, dort bewußter Formkonser-
vatismus –, in einem gleichen sie sich: in der existentiellen
Wendung zum Mitleid, ausgedrückt in ihren Mutter-Ge-
dichten (*Ballade von Mutter und Kind, Mutters Hostien-
blatt* [...]). Voraussetzung für das Mitleiden ist freilich die
Einsicht in die eigene Hinfälligkeit des Daseins. Aber daran
fehlt es nicht in der Gegenwartslyrik, wie exemplarisch Ge-
dichte von Domin, Kunze, Borchers, Malkowski, Fritz und
Gernhardt zeigen – oder eben von Friederike Mayröcker.
Mit heiterer Ironie verfolgt die 72jährige Autorin ihre ei-
gene kopfzerbrechende Metaphorik (»eingekeilt zwischen
den beiden Monstern Dadaismus und Surrealismus«[34]) zu-
rück auf das kindliche »Analphabet«, das man im Alter
wieder geworden sein wird. Die Ahnung eines erneuten
Analphabetismus, mit dem sich das Alter zur Kindheit zu-
rückbiegt, ist hier als existentielle Sorge verquickt mit der
poetischen Selbstreflexion, die ihre sprachspielerische Arti-

33 Vgl. Käte Hamburger, *Das Mitleid*, Stuttgart 1985, bes. S. 104–109.
34 Vgl. Uwe Schneider, »*... das Geheimnis muß bleiben.*« Ein Interview mit
   Friederike Mayröcker, in: *Falter* (Wien), H. 24, 27. November 1980, S. 6.

stik anthropologisch begründet – eben als Ursprache der Kindheit und des Alters. In der Tat, Mitleid mag auf solch existentieller Bescheidung gründen, Erotik gewiß nicht. Aber derart begegnen beide einander in der deutschen Gegenwartspoesie, soweit sie ›Erlebnislyrik‹ ist – die Problematisierung der Liebe als Erotik und die Belebung der Liebe als Karitas. Und beide zusammen, die Lebensschwäche der einen und die fehlende Vitalität der anderen, umschreiben nur wieder die Finalstimmung der Lyrik heute. Ablesbar ist sie – wie gezeigt – an den Kompensationen der Erlebnisdichtung und am »Okay« der Transitpoesie.

Erlangen, August 1999   *Theo Elm*

Utopia gründlich verkarstet

Gottgleich

In der Kindheit
habe ich das Universum erkannt.
Es war außerordentlich
klein und bewegte sich
in einem Lichtstrahl,
den die Gardine ins Zimmer ließ.
Unzählbare Welten stiegen und
kreisten und sanken. Und ich
blies meinen Atem
in die scheinbare Fülle,
wie Gott
es an meiner Stelle getan hätte.

Am Styx

In einem Wäldchen
nahe Berlin und fern zugleich
gewesenen Tagen. Mein Vater
schnitzt ein Boot aus Borke
ein Streichholz der Mast
das Segel ein Stück Papier
vermutlich von einer Rechnung.
Der Bach trägt es fort.
Es nimmt meinen Vater mit
und das Wäldchen und
die ganze Stadt und am Ende
noch den Erdenrest
in vollkommener Klarheit.

Abirrungen

In alten Logbüchern geblättert:
Wie groß die Erde gewesen ist
durchtobt von Stürmen und
Seeungeheuern. Beseeligende Strände
zur Belohnung der Mühen.
Virginaler Sand. Hochbeinige Palmen.
Nahebei Quellen: Unaufdringliches
Gemurmel der Ewigkeit. Träume
vom Endziel in finsterer Koje:
Bettkasten der steigt und sinkt
das Knarren der Takelage
wortlose Stimme des Schicksals:
Gestern reisten wir
in eine Zukunft
um in keiner mehr anzugelangen.

Kosmologie

Land hinterm Mond: Utopia
gründlich verkarstet. Freischwebend
noch immer die Astronauten
des Irrtums. Ihr Kosmos zeigt
denkensgleich stolze Geschlossenheit.
Zwischen den Fixsternen Platon
und Stalin das späte Funkeln
der toten Dichter
das kurze Lichtjahr
von Theorie zu Praxis.
Doch jenseits des Staubes

zu dem alle werden erhoffen
die ferneren Rätsel
daß keiner sie löst
dergestalt.

In Ketten

Die Daseinsfrage stellt ja keiner mehr.
Das große »Es«, das läuft so vor sich hin.
Nur ganz Naive suchen noch den Sinn
in allem Treiben, aber der
steckt nirgendwo in jenem drin.
Der Zauberkasten Welt ist lange leer
und spendet keinerlei Gewinn
für das Gemüt. Hilft kein Begehr
dir aus der Haft von Dingen.
Du bleibst gefangen unter ihrem Bann:
Wie herrlich die Sirenen singen!
Odysseus sein – wer das schon kann.

HANS MAGNUS ENZENSBERGER

Frühschriften

Heute fällt sie mir wieder ein,
nach vierzig Jahren,
am hellen Nachmittag.
Wo ist er geblieben,

der zerfledderte Band,
den sie mir damals gab?
Das Pathos der Sätze,
die ihre flatternde Hand
rot unterstrich?

Die Frühschriften –
kein Mensch kannte das,
damals, in Deutschland.
Grau war der Staub
der fünfziger Jahre.
Sommersprossen,
mitten im Winter,
rührende Ungeduld.

Vor Jahren hat mir einer gesagt,
irgendeiner, vor Jahren,
am Telephon, nebenbei,
sie habe sich umgebracht.
Nichts erinnert an sie
an diesem warmen Mittwoch
im Mai, heute, nicht einmal
ein zerlesenes Buch.

Abgesehen davon

Der hinkende Hausmeister im Institut
für mittelalterliche Handschriftenkunde
mit seinem Staubsauger, geboren
in der Bukowina vor den Kriegen
und vorbestraft wegen Kindesmißhandlung;
die schwangere Schwarze

mit ihrem riesigen Kopfhörer, die wirr
vor sich hinbetet am Washington Square;
der einsame Wassertank auf dem Dach,
wie er rostet und rostet;
die Zweireiher in silbernen Bussen
hinter getöntem Glas;
und der Gallenkranke mit seinen Koffern,
der eine Dreizimmerwohnung sucht
für seine Schmetterlingssammlung:
Wer davon nicht absehen kann,
ist kein Theoretiker.
Ringsum geschehen sorglose Morde.
Je größer die Perspektive,
desto kleiner wird alles.

Vor den Ampeln warten die Seelen,
bewegen sich, leicht wie Fliegen,
warten. Das Gefühl der Gefühllosigkeit
auf dem Parkplatz, die unterwegs
abhandengekommenen Beweggründe und Begierden,
die Frage wo Ich geblieben ist,
und, abgesehen davon, die Erklärungen,
die hieb- und stichfest vorbeiziehen
wie über dem Wassertank auf dem Flachdach
des Instituts der Goodyear-Zeppelin
hoch über der Dreizehnten Straße.

Unbemerktes Mirakel

Vom See Genezareth
hat er vermutlich nie gehört,
der Siebzigjährige dort an der Ampel.
Die Mutter ging nicht in die Kirche.
Wie geringfügig seine Chancen sind,
heil über die Kreuzung zu kommen,
mit dem Spitz an der Leine! Wunderbar,
daß er überhaupt aufgetaucht ist
aus dem Neolithikum, daß er
die Sturzgeburt überlebt hat,
damals bei Leschnitz im Chelm,
heute Leśnica, Polen, in einer Scheune,
umstellt von Heckenschützen, dann
das splitternde Eis auf dem Weiher,
mit sieben, beim Schlittschuhlauf,
später jahrelang Stempeln,
Trommelfeuer bei Kursk, Schlaganfall
auf Mallorca, und dennoch tausendmal
die tödliche Fahrbahn überquert
beim Milchholen – unwahrscheinlich,
sagen wir: zehn hoch minus neunzehn,
daß er davongekommen ist
bis auf den heutigen Tag,
stolpernd, doch trockenen Fußes
auf seiner langen, langen Wanderung
über den See Genezareth, von der er
so wenig weiß wie sein Hündchen.

PETER RÜHMKORF

Ästhetik des Schreckens

Regentropfen an der Wäscheleine:
Hochseilakt –
Mit dem Fingernagel
ohne Sinn fürs Ungemeine
lieblos abgezackt.

Spinnennetz,
radial geädert,
ein beziehungsweises Weltsystem –
Unwirsch mit dem Wischtuch weggeledert
so der Mensch – als Mitgeschöpf, nicht gerade angenehm.

Wie der Mensch?
Zu was? – Wem zu entsprechen?
Einem freigelassnen Zwangssubjekt?
Dies herauszubringen, brauchst du nur
mit dem Bajonett in es hineinzustechen,
und du siehst, was von Natur an Scheiße in ihm steckt.

Bleibt als Highlight so beschaffner Mängel
allenfalls noch seine Himmelssignatur:
Der Atompilz,
ein Gehirn am Stengel,
dem Millennium eingebrannt als Kultfigur.

Chanson

Wenn, aber dann,
in allem was ich tu,
ich etwas liebe,
halt ich darauf zu.

Eh wir in Bern-
stein oder Kalkstein eingeschlossen sind,
käm ich schon gern,
solang der Saft noch rinnt –

Ich bin auf Tour,
die Zeit wird merklich knapp,
Ich seil mich nur
noch oben eben ab.

I am your knight,
d. h. schon kurz vor auf den Knien.
Den Zahn der Zeit,
den werden wir ihr ziehn.

Kommt nur drauf an,
woran man wirklich glaubt:
Das Ding an sich?
Das Leben überhaupt?

Und dieses wird,
soweit die Dinge stehn,
ein bißchen anders aus
als in der Glotze sehn.

Wie kommt's?

Wie kommt's? Auf einmal wieder frei die enge Brust,
der Kopf
nicht mehr so zugebolzt.
Daß du vor lauter Lebenslust
nicht weißt, in welchen Farbentopf
du greifen sollst.

Das ist die Welt, wie sie geschrieben steht,
sieh hin und lies!
Nicht daß dir erst im Grab ein Licht aufgeht,
daß wir nicht hoch genug
gehalten haben dies.

Philosophie der Angst?
Ein ziemlich leicht gedroschnes Stroh,
und bei Bedarf kein goldnes Korn zu fassen.
Furcht schärft das Auge nicht,
es denkt nur so
und muß sich von Lemuren narren lassen.

Nur manchmal lichtet sich so eine Art von Loch:
Das Seiende wird der Verborgenheit entrissen,
doch schon bei Zu-Ruf
zeigt es sich unnahbar.
Wir, rein formal, ein bißchen gängiger im Joch,
stehen nicht an, uns bis zum Beinhaus durchzuküssen,
und noch der Baumstumpf
bis zum letzten Blatt bejahbar.

Du fühlst dich morsch? Das teilst du mit dem Zunder.
Verbraucht? Erinner dich, wie du begannst.
Auch sieh dir Rilke an – ein Nervenwunder! –

was du mal so, mal so verstehen kannst.
Was im Gedicht die scharfen Stellen macht,
alles
von einem wunden Punkte aus gedacht.

Dies nur als Schlußwort so für alle Zeiten.
Für alle?
Nun, die fetten sind vorbei.
Was ferner sich ergibt in unsern schmalen Breiten
ist das Bewußtsein ewiger Wiederkäu.
Was bleibt? Wer weiß. Vielleicht ein allerletzter Pfiff:
den Saum der Welt noch etwas nachzuschrägen,
wenn ihr so wollt, Wollust mit Wellenschliff:
So kommt die Kunst – auf Zeit – der Ewigkeit entgegen.

MICHAEL KRÜGER

Brief

Gestern abend ging ich – bitte
frag nicht: warum? – in die Kirche
im Dorf, hockte mich bibbernd
zwischen die alten Leute
in eine der engen Bänke
und bewegte die Lippen, als hätte ich
mitzureden. Es war ganz leicht.
Schon nach dem ersten Gebet – wir
beteten auch für dich – wuchs mir
die Maske des Guten übers Gesicht.
Vorne pickte der alte Pfarrer,

ohne eine Lösung zu fordern,
wie ein schwarzer Vogel lustlos
im Evangelium, schien aber nichts
zu finden, uns zu verführen.
Kein Leitfaden, kein Trost.
Nach einer Stunde war alles vorbei.
Draußen lag ein unerwartet helles Licht
über dem See, und ein Wind kam auf,
der mich die Unterseite der Blätter
sehen ließ.

Zugfahrt

Endlich haben alle einen Platz gefunden,
und alle schweigen. Es ist eng
wie in einer Streichholzschachtel, die Beine
reiben sich vorsichtig aneinander, aus Angst,
in Flammen aufzugehen. Die Frau mir gegenüber,
blaß und kalt wie altes Elfenbein, scheint
nach innen zu schluchzen, in den Schultern
ihres Mantels leben Maulwürfe. Sie liest
in einem Roman, der ihr die Lider rötet
wie bei Fieber, jede Zeile ein zuckender Schmerz.
Schon im ersten Tunnel beginnt das Buch
zu brennen, so daß die beiden Männer,
die sie einrahmen, sich weit von ihr wegbeugen.
Einer sieht aus wie aus den Gelenken gehoben,
ein verhinderter Gestikulator mit gefesselten Händen,
dem andern klappern die falschen Zähne.
Er hat ein Diktiergerät in der Hand,
aber ihm fehlen die entscheidenden Worte.
Wer von beiden ist schneller gegangen

und weiter gelangt? Ein kleiner Mond
fährt mit und flattert in den Kurven
wie ein Schmetterling von Mund zu Mund.
Dann und wann fällt ein gelber Lichtstrahl
in unsere Kapelle, wie um zu prüfen,
ob wir noch leben. Ja, wir leben noch,
schreit der Mann neben mir im Schlaf
und entschuldigt sich beim Erwachen.
Nach Mitternacht erreichen wir eine große,
leere, traurige Stadt. Keiner erhebt sich.
Erst als der Schaffner die Tür aufreißt,
flattern wir wie aufgeweckte Motten ans Licht.
Wo wir sind, scheint keiner zu wissen.

Im Flugzeug, noch über Europa

Tief unter uns zerfällt der dunkle Klumpen
Europas, schon ganz in der Nähe der Leere,
und jedes noch sichtbare Ding sucht deinen Blick
zu verwirren: winzige Autos zuckeln sanft
über das rostige Skelett der Straßen,
geben matter werdende Blinkzeichen von Kämpfen
und Katastrophen, deren glimmende Feuerspur
den borkigen Körper ädert. Das Wasser steigt.
Der kleine Vorbau Asiens versinkt im Meer
seiner gelehrten Vernunft hinter den Kämmen
der Wolken und sendet sein unverständliches Murmeln
in das hungrige Dunkel. Eine Welt voller Narben
und Knoten, ein Verzeichnis der Schönheit.
Jetzt fängt sich die Sonne im oberen Stockwerk
des babylonischen Turmes, verbrennt zischend
all die unausgesprochenen Wörter und läßt

ein weißes Fähnchen zurück, die unvollendete
Hoffnung, die zitternd über dem Abraum verweht.
Man darf rauchen, ein dünner Kaffee wird serviert,
der keine Voraussagen zuläßt. Streunend liest
mein Blick in der tragischen Chronik der Grenzen,
die im Dämmer verschwimmen. Laut Zeitung
von heute legen genau jetzt zwölf Herren
in Schlips und Kragen den Kopf auf die Erde,
um eine Antwort zu hören auf die Tautologien
der Freiheit: aber sie hören nur das Knistern
der Asche, über die der Schatten des Flugzeugs huscht.

HANS-JÜRGEN HEISE

Amerika ist die größte Maschine

Amerika ist die größte Maschine
Du schüttest Weizen hinein
und ein Steak kommt heraus
Guten Appetit! Das Fenster im Drugstore
ist ein Bild – von Hopper gemalt
Laß die Jalousie herunter
Häng ein Fliegengitter davor
Irgendwo singt eine Grille
Und in einem Buch
das Buffalo Bill Cody
in der Garderobe zurückließ
als er schon Zirkusreiter war
reckt sich Häuptling Pontiac
der seinen Namen

an eine Automarke weitergab
Präriegras! ein ganzer Zahnbecher voll
Amerika schickt seine weißen Kinder
reihenweise zur Gebißkorrektur
die schwarzen lachen auch so —
mit breiterem Mund
Ein Alka-Seltzer sprudelt
Und ein roter glänzender Apfel:
Ready-made aus einem Supermarkt

Beiß rein und iß
die Zellophanhülle mit

Überangebot

Der Süden hielt sich
den ganzen Winter hindurch
im Supermarkt als

Überangebot
von Früchten
in Bereitschaft
                    Wo
da noch hinreisen? *jetzt
im Frühling?*

In welches
KiwiPapayaKolibri
KongoBongoTim
buktuParadies?

Posthistoire

Abends
wenn sie auf ihren Terrassen
das Meer
durch einen Strohhalm
schlürfen ...

Odysseus auch du
bist längst
heimgekehrt

Ruhst
auf einer Hollywood-
schaukel aus

JÜRGEN BECKER

Vom Weiterschreiben

Nächste Seite, vielleicht passiert noch etwas
im Birnbaum, und falls er sich meldet, der Interviewer,
ich müßte ihm sagen, zu erwarten wäre jetzt
bald das Geräusch der fallenden Birnen, wie damals
nachts im September.

Nichts Neues im Repertoire? Noch einmal Musik
an Westfälischen Adelshöfen, oder sind es
Romanische Backsteinkirchen im Jerichower Land,
die leeren Flugzeughallen
am Rand der Döberitzer Heide ... du entfernst dich

in eine Gegenwart, die woanders ist, und ein Zitat,
zweifelsfrei, ist im Zimmer geblieben ... jedenfalls
noch ein Geräusch, wie das
einer gelben Komposition, die mit Stehenbleiben und
                                    Schritten
durch den Herbst beginnt.

Oder ganz einfach, du wartest, bis das Schneefeld
vorm Fenster sich auflöst und die Spuren verschwinden,
                                    die
zu immer derselben Ausfahrt führen.

Nur taucht ein anderes Bild auf, abends
und unerwartet ... eine Vase mit frischen Tulpen
vor der Gardine der Zugfensterscheibe, die vorbeizieht
an Feldern, Baracken und Zäunen, und
das Telefon geht ... der Reisebericht; erzähl doch von
Grenzbahnhöfen, Birkenwäldchen, den Misteln.

Zuviele Termine, obschon der Wochenkalender
fast leer ist. Der Lärm geht weiter, nur einmal schreit
der Pfau in der Frühe.

Die Zeilen, die Brüche.
Ein jedes Rinnsal zum Meer unterwegs.
Erst wenn es kalt ist, siehst du den Atem.

Zu früh, um in die Gärten zu gehen; da hilft
auch nicht weiter der Konjunktiv.
Die richtige Reihenfolge kommt von allein; ein Seufzer
vielleicht, der Wetterbericht, es nähert sich
ein vergessener Name ... kann sein,
die nächste Seite weiß mehr.

Herbstgeschichte

Eine Zeichnung, oder auch nur Gekritzel … ich hatte
versucht, dem alten, sich senkenden Birnbaum
einen Halt zu geben. Aber die Stütze aus
Bleistiftstrichen mißlang. Nun regiert hier, seit
ein paar Tagen, der Nebel, der es heute
fertiggebracht hat, daß man gar nichts mehr
sieht. So geht das all diese Jahre,
Strukturen, Fröste, Eulenflug, Kriege im September.

Autobahnring

Hochblickend, die Kette der Kraniche,
sie wechselt gerade die Keilspitze aus,
die Flugrichtung bleibt, die Geschwindigkeit
ändert sich nicht, einige schreien, dann
schreien andere, die Kette entfernt sich zwischen
den Städten, die still sind in der Luft.

KARIN KIWUS

Kleine Erinnerung an den Fortschritt

Ja, damals, als wir Kinder waren,
nach der Revolution, haben wir
in Baschkirien noch
den Großvater gesehen, wie er

mit hellen lachenden Augen
die erste Glühbirne verfolgt hat,
die blitzend nackt durch unser
Dorfschulzimmer gependelt ist,
hin und her und hin und her.

Aber nun?

Kurze Versuchsanordnung

Bei einer Geschwindigkeit von etwa
60 Stundenkilometern sind
zwei Fahrzeuge soeben
frontal aufeinandergeprallt.
10 Millisekunden danach
blockieren die Gurte, 20 Millisekunden
danach spannen sie sich. Zu diesem Zeitpunkt
sind beide Wagen bereits 30 Zentimeter kürzer.
40 Millisekunden danach hat der Beckengurt
eines Fahrers maximal eine halbe Tonne
gehalten, der Schultergurt sieben Kilo-Newton.
70 Millisekunden danach sind die Karosserien
70 Zentimeter kürzer. Ein sechsjähriger,
nicht angeschnallter Junge stürzt
von der Mitte des Hintersitzes kopfüber
auf Armaturenbrett und Windschutzscheibe.
Dem Fahrer, der einen halben Meter nach
vorn gerissen wurde, fällt von hinten
seine nicht angeschnallte Frau ins Kreuz
und drückt ihn mit dem Zwanzigfachen ihres
Körpergewichts in seinen ausgespannten Gurt.
Sein Schulterblatt links und ein paar

Rippen brechen. In der 80. Millisekunde
schießt ein Spielzeugauto von der Hutablage
und trifft mit der Wucht eines Vorschlaghammers
den Kopf des vorn rechts in einem Schalensitz
angegurteten Babys. In der 85. Millisekunde
schnellt der Kopf des Fahrers wieder zurück
und stößt mit dem nach vorn geschleuderten
Kopf seiner Frau unmittelbar zusammen.

Nach 100 Millisekunden ist alles vorbei.

LIOBA HAPPEL

Seit vielen Jahren hörst du dieses Bremsen
Wie ein Kreischen wie es der Welt paßt
Schmeißt sie es dir an den Kopf

Am Stein aber erkennst du wie selbst den mächtigen Flüssen
Die Zügel zurückgerissen werden
Sie bäumen sich auf

Mach einen Schritt und du bleibst eine Ewigkeit
Mach noch einen und du wirst zurückgestaut in deinen
Vorgeburtlichen Zustand du mußt

Gehen gehen
Ein Jahr ist wie ein Handumdrehen

Heute öffnet sich das Buch von der Erschaffung der Welt
Und morgen sprengen sie los die Apokalyptischen Reiter

Ich sah im Abendrot

Und ich sah einen Kahn
Und ich sah einen Kahn auf dem Weiher
Und ich sah einen Kahn auf dem Weiher am Abend
Und ich sah Schilf und es richtete die Segel auf
Und ich sah ich schwöre ich sah Vogelaufschwung

(Zungenblatt, den roten Hals im Wasser, schwarz
geblähte Stirnkrause, den Abendüberschall
im Schattenrachen) und es war zum Verrücktwerden

Ich sah Nachtwolkenanprall
Ich sah das Sägeblatt der Tannenwipfel wanken
Und Sturmstrenge herrschte die Nacht an
Die bellwütigen Fichtenföhren rissen sich
Querübersfeld und ich öffnete meine Hand meine Hand

Und ich sah einen verfemten Mond durch die Finger
Aufsteigen, in der Augenschräge sah ich

Und ich sah einen Kahn
Und ich sah einen Kahn auf dem Weiher
Und ich sah einen Kahn auf dem Weiher am Abend

Und ich schwöre ich sah einen Kahn auf dem Weiher am
                                                    Abend
Und ich sah Schilf und es richtete die Segel auf
Und ich schwöre ich sah Vogelaufschwung

Ich ein bedingter Reflex

Homo sapiens correctus

Am 6. Januar 1965 bohrte sich Joe Mellen-Bart Huges in Amsterdam im Selbstversuch ein Loch in den Schädel. In Anwendung der Druckmethode, die er zuvor in seinem Traktat *Homo sapiens correctus* beschrieben hatte, sollte so die störende Hirnflüssigkeit entfernt werden. Die Idee war ebenso einfach wie physiologisch einleuchtend, galt aber in Fachkreisen als verrückt. Huges, der nach getaner Operation unter psychiatrische Aufsicht gestellt wurde, glaubte, sämtliche Übel zwischen den Menschen resultierten aus der Furcht, sie könnten die Kontrolle über ihr Hirnblut verlieren. »... vier Milliarden Geiseln der Zeit« – Bevölkerungsstand von 1965.

Dampf aus dem Rückenmark abzulassen
   Setzte sich Joe ein Loch in den Kopf.
  Zapfte den Liquor ab, füllte Flaschen und Tassen.
 Und alle dachten sie »Nicht zu fassen«.
Aber Joe war entschlossen und heimlich,
   Die Badtür von innen verschlossen,
  Nahm er sein Werkzeug und bohrte los.
Platz für sein wertvolles Hirnblut zu machen
 Preßte er aus dem System allen Saft.
   Psychiater, Chirurgen, die Fachleute lachten, –
Keine Ahnung vom Großen Erwachen,
 Vom Dritten Auge und all diesen Sachen.
  Schließlich rief Joe, *cet enfant terrible*, »Geschafft«.
Örtlich betäubt und den Schädel rasiert,
  Kaltblütig wie Kinder die Notbremse ziehn,
 Sah er sich operierend im Spiegel, skalpiert
Nach Indianerart und danach trepaniert
 Frei nach dem Handbuch der Hirnchirurgie.
  Spritze, Skalpell, Spatel, Bohrer und Schaber

Holten ihn aus der Schwerkraft ins Dauer-High;
    Aus Überdruck, Selbstkontrolle, dem Wenn und Aber
Labiler Lappalien, brutalen Gelabers
    Das Joe nur als Krankheit kannte: Erwachsensein.
Endlich den Kopf frei, trat Joe vor die Presse
        Sagte sein *Ecce homo* und zog sich zurück
            Hinter üble Gerüchte von Neuro-Exzessen,
            Afrikanischen Riten, Selbstverstümmelungs-Messen
Und jedem war klar »Der Typ ist verrückt«.
Unter den vier Milliarden Geiseln der Zeit,
        Insassen des einzigen milden Weltraum-Asyls
    War *alien* Joe als erster soweit
            Zu begreifen daß Ich ein bedingter Reflex
Und Heilung nur möglich war durch ein Ventil.

Ode an das Dienzephalon

(Nach W. H. Auden nach A. T. W. Simeons)

Hier also hältst du, Black Box, dich versteckt. So was
Von Präzision, in sich verstrickt, muß sich rächen.
Lange warst du ungreifbar, nun bist du dir selbst
    Häßlich der Nächste.

Klinisch entblößt, auf Karten verzeichnet, ein Magazin
Heißer Drähte vom Zentrum zum Kleinen Zeh,
Eingeklemmt zwischen Logos und feeling ... fragt sich
    Wer hält hier wen fest?

Nichts von dem was sich im Neuronalen Netz fing
War dir wirklich Ernst. Selten stand mehr im Programm
Als Betrug, psychische Tricks oder Schlüsse wie dieses
    Cogito ergo ...

Alles im Griff, Flugkörper, Sprachen und Religionen,
Hast du nur eins unterschätzt, dieses Ich. Besser
Es läge noch immer vor seinem Schlag aus der Art
    Glücklich im Koma.

Biologischer Walzer

Zwischen Kapstadt und Grönland liegt dieser Wald
    Aus Begierden, Begierden die niemand kennt.
        Wenn es stimmt, daß wir schwierige Tiere sind
            Sind wir schwierige Tiere weil nichts mehr stimmt.

Steter Tropfen im Mund war das Wort der Beginn
    Des Verzichts, einer langen Flucht in die Zeit.
        Nichts erklärt, wie ein trockener Gaumen Vokale,
            Wie ein Leck in der Kehle Konsonanten erbricht.

Offen bleibt, was ein Ohr im Laborglas sucht,
    Eine fleischliche Brosche, gelb in Formaldehyd.
        Wann es oben schwimmt, wann es untergeht,
            Wie in toten Nerven das Gleichgewicht klingt.

Fraglich auch, ob die tausend Drähtchen im Pelz
    Des gelehrigen Affen den Heißhunger stillen.
        Was es heißt, wenn sich Trauer im Hirnstrom zeigt.
            Jeden flüchtigen Blick ein Phantomschmerz lenkt.

Zwischen Kapstadt und Grönland liegt dieser Wald
    ... Ironie, die den Körper ins Dickicht schickt.
        Wenn es stimmt, daß wir schwierige Tiere sind
            Sind wir schwierige Tiere weil nichts mehr stimmt.

Falten und Fallen

Leute mit besseren Nerven als jedes Tier, flüchtiger,
                                unbewußter
Waren sie's endlich gewohnt, den Tag zu zerlegen. Die
                                Pizza
Aus Stunden aßen sie häppchenweise, meist kühl, und
                                nebenbei
Hörten sie plappernd CDs oder fönten das Meerschwein,
Schrieben noch Briefe und gingen am Bildschirm auf
                                Virusjagd.
Zwischen Stapeln Papier auf dem Schreibtisch, Verträgen,
                                Kopien,
Baute der Origami-Kranich sein Nest, eine raschelnde Falle.
Jeder Tag brachte, am Abend berechnet, ein anderes
                                Diagramm
Fraktaler Gelassenheit, später in traumlosem Kurzschlaf
                                gelöscht.
Sah man genauer hin, mit der aus Filmen bekannten
                                Engelsgeduld,
Waren es Farben, verteilt wie die Hoch- und
                                Tiefdruckzonen
Über Europas Kartentisch. Sie glichen dem Fell des
                                Geparden
Im Säugetier-Lexikon, den Blättern fixierten Graphitstaubs
Mit Fingerabdrücken in der Kartei für Gewalttäter.
                                Deutlich
War diese Spur von Vergessen in allen Hirnen, Falten,
                                Gesichtern,
Flüsternd, bis auf den Lippen das dünne Apfelhäutchen
                                zerriß.

Wer, Mann am Steuer verblutet, bist du gewesen bevor
Dieser schreckliche Unfall geschah? Mit Tempo 200
Trug dein Mercedes dich aus der Kurve. Bei glatter Straße
Wurde ein Baum dir zum Schicksal, ein steiniger Graben.

Schneidbrenner brauchte es, dich zu befrein. Groß
War der Blechschaden, unermeßlich der Schrecken,
Als dein Körper zum Vorschein kam, einzeln die Glieder
Und ganz zuletzt erst dein Kopf mit dem verdutzten Gesicht.

Europa nach dem letzten Regen

VI

Meiner Großmutter Dora W.

Und als der erste Angriff kam, sie lag
Im Krankenhaus mit Scharlach. Der Alarm
Riß viele aus dem Schlaf. Vom Glutwind warm
War draußen Winter, und die Nacht war Tag.

Gespenster, die im weißen Nachthemd spuken,
Rannten sie barfuß an die Elbwiesen.
... – Panik, ein Luftstrom aus den Feuerluken,
Bevor aus allen Wolken die Posaunen bliesen.

Und als der zweite Angriff kam, verschwand
Die Stadt im Stummfilm, und kein Schatten fiel
Als sie verbrannte durch die Flammenwand,
Den einen Falle und den andern Ziel.

Aus einer Nacht im Zwanzigsten Jahrhundert
Flogen Maschinen eine zweite Steinzeit an.

In manchem Kellergrab, ein Höhlenwunder,
Fand man verbacken Kind und Frau und Mann.

Und als der dritte Angriff kam, sie ging
Gefaßt im Flüchtlingszug, auf schwachen Beinen
In eine Nachwelt ein. Da war kein Weinen,
Das auf den Trümmern noch verfing.

RAOUL SCHROTT

Spiegelbildlich dazu bil
det sich kurz vor Son
nenuntergang am öst
lichen Horizont ein fla
ches, dunkelblaues Band
unter dem hellen und
roten Bogen der Gegen
dämmerung; die Gren
ze zwischen beiden ver
wischt sich, je höher es
steigt. Dieses Band ist
dabei nichts anderes als
der Schatten, den die
Erde auf die Atmosphä
re wirft.

Physikalische Optik V

die pinien auf dem fels lodern schwer auf
in grünen schwaden · dann ist das meer ein ölgetränkter
fetzen stoff von dem die gischt sich ihre streifen

reißt während das wasser gegen den geradelauf
der sonne zurück zur hafenmauer brennt
ein tanker unter der brücke einer dämmerung · es greift

über auf die gestapelten stämme der wolken und wirft
ihre schatten tief in den osten · eine wand
die langsam aus dem blick wächst je weiter alles

ins rutschen kommt · es ist als sähe man die erde
in der drehung feuerfangen und in ihrem blaken in die nacht
auch den umriß eines armes einer hand – eos

der mythos ist genauer noch als die metrie von sphären
die mit ihren trajektorien den untergang
der erde zeichnet · ein sich anders in die leere

sagen · vergleiche die sich unmerklich zur figur
verschieben · vom anfang abgelenkt streut das licht
bis es zu bildern bricht – den hologrammen einer ohnmacht

camoglie, 28. 7. 96

Unabhängig vom eigent
lichen Profil, erscheint
vom Gipfel eines Berges
aus gesehen der Schatten
immer als Dreieck. Der
Grund dafür ist die Per
spektive, die alle Kontu
ren einebnet und die Li
nien sich in dem der
Sonne gegenüberliegen
den Punkt schneiden
läßt.

Graukogel

das kar · windholz auf dem jährigen schnee dürr und
zerstückelt · borstgras · in der leere die einem einsturz
vorausgeht raffen die wolken das gebirge zusammen
und die sonne zeichnet die schatten um in die fallinien
der nacht · jeder schritt weiter auf diesen tafeln zielt
auf eine mitte · aber das auge täuscht sich über fernen
abstand und höhe · was in der faltung des horizonts
sichtbar wird ist tage unbestimmt weit weg · das fenster
der tauern · heller hin zum rand des lichts geht die staffel
des massivs auf ins grau gestreuter bänder · glimmernde
linsen überschoben und dann verworfen und blenden
in einem kambrium von grüngestein · die tiefe die darin
langsam eindrang und erstarrte · relikte eines inselbogens
und ein flaches meer das nach und nach austrocknete
zum schelf und salz aus den rauhwacken löst · kristalline
formen bis in die achtecke des fossilen planktons und
das leben das sich auf den flächen festsetzt · ein kühler
wind fällt von der kante auf die gletscherzunge nieder
das skelett eines gebirges aus dessen fleisch die knochen
treten in einem geäderwerk von bächen · haut und
bauch · aber das hieße schon vom mensch zu sprechen:
die natur kennt keine schrift · spalten und risse lassen
bloß blindes am fels entziffern · erratisch grobe blöcke
und ein findling klafterweit von dem geröll einer moräne
weit oben an einem überhang reißt die kälte ihren keil
schroff in eine wand und die ausgesetzte spitze gleitet
ab viel zu langsam und unendlich stumm als könnte sich
die schöpfung mit einem mal in der verzögerung vollenden

habachtal, 13. 2. 98

Da sich die Griechen
bewußt waren, daß sie
die Schrift von den Phö
nizern übernommen
hatten, machten sie
nicht einen Gott, son
dern einen Menschen zu
ihrem Erfinder: Palame
des, der aus dem Zug
der Vögel die ersten
Buchstaben herauslas.

Eine Geschichte der Schrift IV

der strich des fulgurits · ein limonit und
seine kugel · das kreuz des hematits im
angewehten sand unter den roten
zeilen des gneis: die chiffren und ihre
körper · die sehne die sich an deiner
achsel spannt und das büschel haare wie
tamariskennadeln die der wind verstreut hat
schwarz und blau: diese zeichen und
formen alle · der mund auf einen stein
gepreßt der sie in die leere sagt · ein
alphabet ohne vokale · kreise linien und
punkte in den fels geritzt · die gravur
zufälliger konturen und zwei dreiecke
spitze an spitze · dazwischen der umriß
einer frau und die handvoll wasser die
die farben wieder hervorbringt · es ist
kühl unter diesem überhang in der höhle
einer sonne · dort ist das land und das

was einmal fluß war · der erste buch
stabe der zug der kraniche in den süden
ihr schmales V in richtung des himmels

wadi teshuinat, 13. 1. 96

BRIGITTE OLESCHINSKI

Mental Heat Control

Eine hochsensible Sonde wird im Gedächtnis befestigt
und spannungsfrei an den Nackenwirbeln entlang
bis zum Herzen, zum Zwerchfell, zur Vagina geführt.
Verankerung prüfen: Speicher blinkt.
Damit ist die Starttemperatur erreicht. Legt Strom
auf die Leitung. Ein Geruch von Regen weht auf, von
                                        nassem Pflaster
und alten Bäumen, in den ein Saxophon sich einschwingt
und schwingt und schwingt, bis alle Pfützen
die Augen erheben –

Der Speicher blinkt.
Dreht stärker auf! Das weich
und erwärmt erscheinende Abendlicht täuscht:
Über dem flachen Schärenrücken steht die Kälte
goldgefärbt und reizt in den Zellen
wieder die Mittelmeerlust, sich nackt auf die Felsen zu
                                        werfen,
an ihnen den Leib zu scheuern, zu reiben, die steinernen
                                        Risse

zu ertasten mit durstigen Händen, an quarzenen
Adern zu lecken und über die spröden, klüftigen Flächen
sich auszuspannen unter der bloßen Luft, gedehnt
bis an die Grenzen des Fleisches –

Die Sonde erwacht: ein winziger, glühender Sensor mitten
im Gehirn. Dies war das Stichwort, diese Lust
ist auszubrennen. Keine neue Begründung.
Anweisung löschen. Narbe löschen.
Speicher wird ruhiggestellt.

Ist die Sonde entfernt?
Sonde entfernt. Kontrolle positiv.

            Anschwellend und ab-, dem

Zubringer zu, der davonstürzenden
Autobahn, ein blau-

gesichtiges Gellen, das die Kurven durchflickert, an
stumpfen Böschungen vorbei, Schlauchstücken, Ginstern, ein

fanfarener Ausfall in die Sauerstoffelder, dem entgegen der
                              Horizont
seine Zeltspitzen ausfährt, ein bewimpeltes Lager,
                              durchsichelt vom Anruf

des Adrenalins, das drinnen die Lähmung voranstößt,
                              unter Schildern
hindurch, schwankenden Wappen eines Stillstands, den die
                              grelle Rettungs-

pumpe immer noch antreibt, als sähe man dort nicht diese
                                    Rüstung, zusammen-
gesunken auf dem Rücken ihres Reittiers, das seitwärts,
                            ziellos sich längst schon entfernt

        Wie eng, wie leicht: ein Tankflügel-

stutzen, weil in den Tankstutzengriff sich eine
                                staubweiche Falte
        schmiegt, Fühler und Augen

        und das meilenweite

        Summen rundum, das tief in der Hitze
        sich entspannt

        wie in der Hand der Bügel
        der Zapfpistole

                    Unter einer

Tragfläche hinab dreht sich die lange kühle Leere
langsam quer in den Rahmen eines Druck-
stocks, steinweiß

hinter den Bundesbahnbrücken, die ihre hellen Drähte
                                    weit
durch den Hopfen ziehen zu schrägen Bohnen-
gassen, sirrenden Alleen die

Bungalowhänge hinauf und wieder unter den anderen
Flügel zurück aus der rheinischen Litho-
graphie nach Berlin

Erbin einer eigenen Lok

Für E. O.

Durch die Länder am Fluß strömt der Zug
an den winkligen Abseiten vorbei, entlang
ihrem Glitzern und Stolpern und Scheppern
von Austritten und Verstrebungen. Im Zug

wendet sich ein Gesicht in den Wind, flach-
gestrichen hinter die Ohren, flachgepreßt, Kühle
stockt in den Augen, gefriert in einer dünnen
ekstatischen Haut. Die Geleise

gleißen schon, Drähte aus Abendlicht, sie schürfen
links und rechts den Kiefer auf, die Zunge
schmeckt ihnen nach, metallen und feucht, über
Schwellen von Jetzt, Schwellen von Glück. Der Zug

ist ein Blick, ich fahre ihn dem Horizont entgegen,
dieser hell leuchtenden Stirne, mit der du mich erwartest,
ich fahre in die Signale hinein, die vor mir aufglühn,
meine kreisrunden Lichter schwenken der Kurve zu,

die zum Bahnhof führt, alle Schranken stehn offen.
Über den Bahndamm hauchen Gerüche heran, ein Zittern
durchläuft die Lupinen, die Schienen wachen auf
unter meiner Einfahrt und singen. Hier bin ich,

Erbin einer eigenen Lok, eines Diesel- und Dampftiers
mit erhitzten Flanken, das nun anhält und langsam
aus seinen Ventilen die Geschwindigkeit entläßt. Hier bin
ich,
wiedergekommen wie von allen Reisen, ich bin da.

BARBARA KÖHLER

Nachsatz für L. W.

Kein Schlagwort kein Stichwort kein Sterbenswort
eine entbilderte Sprache die nicht länger gehört
die nicht gebraucht werden kann nicht beherrscht
was sie sagt dient nicht dem Überreden der Unter
haltung dem Meinen und auch sonst niemands Habe
ist Zuspruch der nicht abspricht nicht tot sagt
wahr eine Zukunft: aufs Wort folgen bloße Worte
verlassen von den Bildern der Gewalt die sie ver
schweigen gegen die sie stehen nichts bezeugen
als eine Möglichkeit mit
zu teilen

Möbel

Alles Verläßliche verlassen,
die benutzten Sätze, das Besagte
verschweigen bis es geht,
bis zu den Dingen geht,

74

die im Raum stehen unbewegt:
der Tisch
die zwei Stühle
das Bett.
Hinaus gehen, die Tür schließen, die Dinge
stehen lassen für sich,
dir zu.

So wird alles anders,
so wird es Zeit:
wir begegnen im Anderen
einander, ein andermal
öffnet sich so die Tür,
wir sitzen auf den Stühlen, am Tisch,
auf dem Bett träumen wir
noch einmal das Holz zurück
in die Wälder.

ULRIKE DRAESNER

autopilot III

1. schlaf. autopilotenwahn aus
schleudernder saftpresse gedrückt,
unten eine spur, gesicht gelöscht am asphalt,
da hat's wieder einen übern boden geschleift,
sofort aufschnitt, nieren 2-fach, herz 1-fach
ausgelöst, eine saubere auf jeden fall eine
klinisch reine hirnherz
frage und todlösung

2. endlich ein derranter, ein losgetretener,
wie stein, motormenschenfahrer aufkrempeln
der handschuhe, scharf schneiden, neu pflanzen,
eine verbindung auf ein los,
unter aufbietung aller verfügbaren
kräfte, aller nadel- und schwertreserven,
im herzschlaggebiet erfolgreich durchmarschiert

3. schlaf. zitternder körper, doch
cardiogramm schon im normalgebiet,
alles angegangen, ausschlachtbody
müllrestsparsam, sorgen Sie sich nicht,
ein durchschlagender sukzeß, klingelt
der weiße mund, wie die taschen gebeult.

Wenn ich versuche, Geschichte zu denken

Die alte Frau Schaaf

Sommerkleid sichtbar

hinterm Gartenzaun:
es ruckt vorüber

Die alte Frau Schaaf
ist achtundneunzig
oder noch älter

Sie erinnert sich
dunkel sagt sie an
die Mobilmachung
im Sommer 14

Serajewo so
sagte man damals
nicht *Sarajewo*
die rote Nelke
am Uniformrock

Trakl in Innsbruck
Ja Innsbruck kennt sie
das Goldene Dach
Es gibt ein Foto
mit ihrem Mann seit
Sommer 40 tot

Zu den Akten

Wir wissen, sagt der Mann, grinst und fixiert mich
wir wissen alles über Sie! (soll wohl
ein schlechter Scherz sein, denk ich an dem Abend
vor wieviel? dreizehn Jahren; rätsele
daran herum bis ichs vergesse) Gestern
in eine Menge Leute eingeklemmt
(der Redner langweilte) von irgendwo
fühl ich mich angestarrt: es war von damals
der Mann, ich kenn ihn unter Tausenden
Ich seh ihn fragend an, er weicht mir aus
als wüßte ich nun alles über ihn

JOACHIM SARTORIUS

Gräber

Von hier in den Norden sind die Wege
trocken. Gelbes Gras,
Durst in den Wurzeln. Im Herzen.
Alles ist einfach, aber falsch.

Wenn ich versuche, Geschichte zu denken,
die riesigen Wirbelknochen
des Sauriers hinter den Blutbuchen
in der Invalidenstraße,
Bismarck in Marmor,
und Benn, ein Klingelschild in der Bozener, leblos.

In den Tiefen der Bunker
des Potsdamer Platzes in Berlin
liegen die Hufeisen von Hitlers Lieblingspferd.
Profile der Macht: Harnisch und Helm.
In der Hosentasche zerknicken wir
die Standarten. Voll Genugtuung
hören wir die Fahnen splittern
im Dunkel des Stoffs.

Vergeßt nicht die gefälschten Würfel der Dichter.
Wenn die Eisernen wieder herrschen,
werden wir uns trösten müssen,
Steine schmücken mit kleinen Steinen,
mit Wasser das Herz.

Nach Paretz

Ein roter Asphaltweg läuft
neben der Heerstraße, für Radfahrer.
Die Kasernen sind leer. Die leeren
Fenster mit Plastikplanen verhängt.
Prasseln im Wind. Von hier sieht
die Landschaft anders aus.
Schlaglöcher
führen in eine wohnarme Gegend.
Wieviel Augen hier ausgingen, links
und rechts, im Abgang gezehrt,
im Lärm der Garben.

GÜNTER HERBURGER

Pracht ohne Busse

Dann kannten wir noch
die Zündapp 800
mit Seitenwagen, Reserverad
und 4 Zylindern,
deren luftgekühlten Rippen.

Beide Hinterräder des Gespanns
wurden angetrieben
durch eine Differentialwelle;
die Maschine besaß 2 Rückwärtsgänge.

Das Krad
konnte auch mit leichter Flak
bestückt werden,
noch zu sehen
im Deutschen Museum Münchens,
wo unsere Kinder auf Rutschen
in Kohleflöze hinunterrauschen,
schreiend entzückt.

Mein Newton

Er heißt Ochsensepp, ein Augendiagnostiker,
der vierzig, fünfzig Jahre lang
Praxis hielt für unheilbare Kranke
aus nah und fern.

Kind und Kindeskinder halfen ihm, starben;
er, noch da, verdunkelte sein Haus
und mietete Postschließfächer
in der nächsten Stadt.

Seither, wer Schmerzen hat,
allein ist oder krank,
schreibt ihm und steckt
nach Begehren oder Pein
Geld in den Brief.

Ob er sie je abholt, gar liest?
Vielleicht tut es seine älteste Tochter,
die bei ihm blieb, eine Taubstumme,
die das Geld zur Sparkasse bringt,
während er hinter dem Haus
sich in einem Rohrsessel,
seit er blind geworden ist,
hin- und herwiegt.

Ich möchte ihn nie sehen,
damit das Bild umrankt bleibt
bis zum Ende, denn ich weiß noch,
wie Speichlerinnen und Rüttler,
geschorene Alte und Kinder
in die Omnibusse getrieben wurden
mit den zugemalten Scheiben,
und ich höre noch das Einstechen
der Giftspritzen in die Haut
und das Fauchen der Schlote.

Tod in Altona

Kräh'n kreisen überm Altersheim
Und schreien schwarz die Nacht herbei
Ich weiß, was das bedeuten soll
Heut wird ein Einzelzimmer frei
Ein Trümmerweib von dazumal
Macht heute seine Luken dicht
Ihr Liebster schläft im Kattegatt
Und andre Männer nahm sie nicht

Das Heim muß auch sehn, wo es bleibt
Die Einzugsermächtigung der Frau
Liegt vor. Fünftausendsechzig Mark
Und vierzig Pfennige genau
– das ist normal, der Pflegesatz
Beerdigung, die kostet auch
Doch dann wirds billig, weil ja Gott
Kein Geld nimmt für ein Himmelsloch

Ein Doppelplatz im Paradies
Dort wartet schon gut fünfzig Jahr
Ein junger U-Boot-Kommandant
Und führt sie froh zum Traualtar
Nun feiern sie die Hochzeit nach
Heil Hitler! Prost! Ein Gläschen Wein
Im Honigmond das Hörgerät
Das Ritterkreuz im Heiligenschein

Der Jungfernkranz mit Eichenlaub
Die Bachtrompeten musizieren

Der Vater küßt das späte Paar
Die Himmelschöre jubiliern
Die Engel jauchzen Liebeslust
Doch unten, hier im Jammertal
Da kreisen Kräh'n im Abendlicht
Und krächzen einen Haßchoral

Die Elbe bei Hamburg

Das abgeblaute Abendlicht fault in den Regenpfützen
Die Speicherstadt steht bis zum Halse in der Dunkelheit
Fischköpfe dümpeln unter nachgemachten Schiffermützen
Der Michel träumt von seiner Jugend nach der Hansezeit

Ein Nordseewind leckt von der Müllverbrennung gelben
Rauch
Ein Mecklenburger torkelt aus der Bar zum Weißen Hai
Container-Kräne füttern Eisenkisten in den Bauch
Aus Übersee. Der Terminal am Athabaska-Kai

Bei Hamburg pulst der kranke Fluß durch eine Schlick-
Aorta
Da fließt Maschinenblut verdickt mit Öl und Schwermetall
Es fiepen schlaue Ratten, die man vordem nie an Bord sah
Die Köhlbrandbrücke reißt sich los mit einem stummen
Knall

Am Jungfernstieg blüht duftgewässert in der Winternacht
Ein babylongeschminktes Wrack, ein Hypothekenweib
In Altona hat sich der müde Kindermörder umgebracht
Am Gänsemarkt erlischt im Puff ein frischer Unterleib

Und aus dem hohen SPIEGEL-Glashaus schmeißt wer einen
Stein
Ein blindes Aug zertrümmert lächelnd dickes Panzerglas
Der Nikolai-Turm zeigt pathetisch in die Wolken rein
Auf der Moorweide irren gelbe Judensterne durch das
Gras

In Hammerbrook erzähln die Trümmer unter dem
Asphalt
Vom Bombenteppich, Wasser brannte in dem Feuersturm
Der Tod kam über uns mit menschgemachter Urgewalt
Aus diesem Weltenende kroch ich raus, ein Menschenwurm

In jener Nacht fiel Schwefel aus den Himmeln in das Fleet
Drei Männer brannten vor mir wie Heil-Hitler-Fackeln ab
Das Dach von der Fabrik flog durch die Luft wie ein
Komet
Die Toten alle kleingebrannt fürs enge Massengrab

So kam es, daß die helle Nacht auch noch den Tag
verschlang
Am Mittag konnte ich im Qualm gar keine Sonne sehn
Ich hatte Glück und ward ein braves Kind mein Leben
lang
Genau auf sechseinhalb blieb meine Lebensuhr da stehn

Seit jenem Tag hat mir der Glücksgott meinen Stern
bewahrt
Doch blieb ich immer, in der Liebe wie im Haß, verflucht
Durch allen Wandel bin und bleib ich auch mit weißem
Bart
Gebranntes Kind, das neugierselig nach dem Feuer sucht

Unvergeßlicher Augenblick

der sommer schlägt sein grünes dach
über den feldweg
bis auf die steinigen weinbergäcker.
waldwärts zwei räderzeilen, tief
in den lehm geschnitten.

mutter im gespräch mit Lorenz, dem bäckergesellen,
spaziergänger unter kirschbäumen.
meine augen starren auf wadenstrümpfe,
geschmückt mit flauschigen bommeln,
sonntäglich weiß.

gesicht und stimme vergessen.
auf den wortlaut
gab ich nicht acht.
der bäcker mußte einrücken.
blieb an der ostfront verschollen.

geführt von anderen händen,
schnellt sein brotschieber
über die fußgrube.
die kirschallee ist abgehaun.
der wind hat freie bahn.

ich seh mich an der hand der mutter
in der allee.
ein schattengang voller laubfrische.
ein gespräch unterm kirschbaum,
belebend belanglos.

die erinnerungen meiner augen
hängen gebannt
und verwundert
an den bommeln
des bäckersonntags.

September am Ettersberg

ach, Rußland, mütterchen, du bist unendlich,
am blankgefegten septemberhimmel fuhr nicht ein
                              wölkchen
zu dir, beladen mit fracht, ich weiß nicht, wie viele
unter diesem himmel schon desertiert sind von den deinen
und wie viele ihnen nachfolgen werden, eh sie abfahren.
irgendeiner muß die seuche eingeschleppt haben, einfach
stiften zu gehen quer über die felder wie damals, als sie
blind vor frühlingssehnsucht vom Ettersberg türmten
und wie die feldhasen niedergestreckt wurden.
am bahndamm liegt schon wieder einer in uniform,
keinen orden an der brust, viel zu jung zum sterben,
vielleicht achtzehn, als wär's der erstbeste pappkamerad.

2

welch schöner september hier oben,
vor meinen augen öffnet sich das vom blanken himmel
zur ebenheit niedergedrückte land. einer neben mir
weiß nichts mehr von sich, die erinnerungen sind ihm
davongelaufen. ein anderer schreibt
sein verflossenes leben um, bringt es nachträglich

in die passende form und fasson. einer hat den lieben gott
über die klinge springen lassen. einer trug den
                              decknamen
Petrus und schrieb getreulich berichte. die boshaftigkeit
seiner verleumdungen sucht ihresgleichen,
wird mir berichtet. mehr begehr ich nicht zu wissen
von diesem tag, in wolkenlose geschichte getaucht.
wo aber bleibt die reine poesie?

GREGOR LASCHEN

Vor dem Judenfriedhof in Lodz, 1989

»draußen, am Rand der Stadt —«

– über ziemlich offenes und verwirrtes Abfall-
Gelände, schon früh unter der Hitze, im Staub, in dem
das Wärterhaus allein steht, unbewacht, an
dessen Tür in aller Frühe der große Schlüssel
zum Eisentor in den Steinwald
am Rand des Geländes ausgehändigt
wird nach kurzer Erklärung und
einem Zögern, das in erstauntes Schweigen
umschlägt, Gleichgültigkeit zuletzt. Und
über dem Gelände, immer wieder
abtreibend über den Wald und die
Steine darunter, hinter dem Tor, der alte
Gezänke-Ton der Raben in der Luft, der
Gezänke-Ton wie blind und blind, in
allen Ecken Europas wieder

zu hören. Und die körpergroßen
Einrisse links und rechts
vom verschlossenen Tor in der Mauer
um den Wald. Vom Wärterhaus hinten
die Stimme, die den Hund zurecht-
weist. Aber immer, von Name
zu Name geht
ein Ton unablässig
uns entgegen, vorweg und hinterher,
die genauere Erinnerung, kleine und
große Stücke vom Leben.
Das Wortkarge, das Würgen, das
beim Gehen, das ein Lesen ist, eine
Schrift, die sich erinnert, aufsteigt in Worte,
im Weg dahin, in tonlose
Wortschwärme, die stumpf und bitter
auseinanderstieben. Nur
das lautlose Reden der Steine
unter dem Gewicht ihrer Namen, geschlagenes
Alphabet, knochen-
weißes Buch für soviele Schatten, erzählt
dir, Europa, vom Licht und
seiner Zerschlagenheit. Immer zu früh, wie
immer zu spät.

Verklirrter Herbst

Der Funker: »Ver-.« Gewaltig endet so der Tag.
»Aufklären.« Sie hängen in den Leitungsmasten.
»Bild an Bildchen. Melden.« Die Drähte brummen
sonderbar. »Hier Herbst.« Hier Einbruch. »Hier
Verklirrtes.« Die Toten, statisch aufgeladen.

Der Funker: »Melden.« Da sagt der Landser: Es
ist gut. »48 Stunden in diesem Loch.« Beinfreiheit,
Blickangst. Und jemand flüstert: Sie sind heiser?
»Falls wir jemals wieder raus.« Das Bahnsteigklima
bringt mich um. »Noch.« Die Viehwaggons
auf Nebengleisen. Wurstflecken.

Der Funker: »Aber selbstverständlich, du willst es
eiskalt, Junge?« Ein Zug fährt an, den er besteigt.
»Da wird dein Hals aber kaputt sein, morgen früh.«
Scheitel, gebürstet. Nah dem Verteiler, sieht er,
sprühen Funken. »Junge, du willst es eiskalt?« Ganz
spezielle Rasuren. Scharmützel. »Leich an Leiche
reiht sich.« Ausrasiert. »Flackern.« »Hinterköpfe.«

Falsches Futter

Am Herrentisch die alternden Gespräche,
»und gab zur Antwort: Aßen nichts als
Sauerkraut und Bohnen.« Allerbester Scherz,
privatsprachlich, versteht sich. Die

Zittrigen, die Skagerrak, die »Norwegen,
am Oberdeck, den zwanzigsten April, bei
Schweinekälte, der Rest der Kompanie
flog heim ins Reich, Berlin, und weg.«
Und wie sie inhalieren, jeder Atemzug
ein Luftalarm. Jetzt sieht man einen
schönen Hund vorbeispazieren, hinkendes
Herrchen auf dem Weg zum Klo kommt
nach. Sorgsam den Harntrieb austarieren,
Schritt für Schritt, gefährliches Manöver. Dabei
Büffetkraft abtaxiert. Stammkundschaft, früher
Mütterschreck, galantestes Parlieren. Gewisse
Seufzer eingeübt, gewisse Blicke. Hartes Training.
Die Klotür quietscht. Der schöne Hund am Napf
jetzt, er frißt falsches Futter. Beißzahn, Beißgeruch.
Dann schlurft das Herrchen schon zurück, hier
Schlachtschiff, schwankend, auf dem Weg ins
Trockendock. Der schöne Hund beim Garderobenständer,
er schnüffelt dort, wo sich ein Mann den Staubmantel
am Vorabend benetzt hat aus Versehen. Das Herrchen
ruft. Der schöne Hund pariert. Denn falsches Futter
schmeckt beizeiten, sofern es artgerecht serviert.

ROLF HAUFS

Die Preise bleiben stabil

Schulhöfe nach Konfessionen getrennt
Hinkende Mutter deretwegen wir uns schlugen
Heulten bei unregelmäßiger Deklination

Dem Großvater das Sakrament verweigert
Hatte drei Blagen mit einer Evangelischen

Sie haben kein Heil ausgelassen
Schickten Kinder nach Polen
Der Befehl kam aus einer uns allen
Bekannten Straße

Die heißt heut anders.
Sommerschlußverkauf Backwaren Käse
Die Leute sind freundlich und sprechen Platt.

Aufrecht. Allein. In einem sauberen Hotel*

    Komm mal vorbei
    An so einem Nachmittag wie diesem
    Die Luft stickig. Klebrige Klamotten
    Aus dem Hof Geschrei
    Die Ewigkeit hat begonnen

    Vielleicht hast du bißchen Zeit
    Für einen Galopp kann auch n Kopfstand sein
    Oder ein paar Sätzchen Philosophie

    Camus duzen? Was fällt dir ein!
    Wir sind jetzt stiller geworden
    Wiegenlieder der Eule.
    Die hören wir

    Keine Zeit mehr keine Zeit. Der Galgen steht
    Sie haben geflaggt. Wir betreten
    Die andere Seite.

* Zbigniew Herbert auf die Frage: »Wie möchten Sie sterben?«

Rückfall

Gelegentlich ein Rückfall
in die Rauchschwaden des
Blues, ins heulende Saxophon,
von ich weiß nicht wem.
Ab und zu eines der Bücher,
die auf dem Kleiderschrank
stehen. Kürzlich fiel mir
Camus vor die Füße. Mein Gott,
was für Zeiten, als alles
noch sinnlos war und ich
geschmeidig im Kreuz.

Wendezeit

Die kleinen Friedenauer
Geräusche, und gleich
da hinten wird Geschichte
gemacht. Mein Fahrrad
lehnt friedlich am Zaun,
durchs Fernsehen flattern
die Akten. Vielleicht
fahr ich doch noch mal
rüber, an diesem mildwarmen
Abend, Spitzel angucken
und Sprüche austeilen.

Grand Hotel, Berlin Mitte

An der Bar eine Dame
in Blau, perfekt Russisch,
leidlich Französisch,
aber das kriegen wir hin,
der launige Sachse am Piano,
verschleppte Altlast und
kurz vor der Abwicklung,
mein Gott, meine Herren,
wir wollen keine Unmenschen
sein, die Suiten hingegen
sind durchweg entwanzt,
das garantieren wir Ihnen,
da räuspert sich nichts.

Moderne Zeiten

Es ist gut es ist vorbei
es ist gut daß es vorbei ist
der Sozialismus die Raupenplage
die Wanzen der Urknall was vorbei ist
ist vorbei die Chaostheorie
das Nord-Süd-Gefälle der Wärmetod
alles gut alles vorbei auch das Gute
auch das Vorbeisein die Dialektik
sowieso die Sinnfrage der Regen
alles schon wieder vorbei

DIRK VON PETERSDORFF

Haltlos sind wir,

früher sagten wir DIE DIALEKTIK, wenn
es Schwierigkeiten gab, jetzt kreisen wir

in Warteschleifen, WOMIT MUSS ICH RECHNEN:
die Frage der Filosofie, wir kreisen,

eine sich reflektierende Reflexion,
eine Mühle ohne Müller,

möchte man sagen, wir treiben,
ohne Grund unter den Füßen,

Surfer auf dem Weltmeer, wir
sind verweht. *Spieglein, geben Sie*

*Gewißheit, rief er aus und
stand in einem Spiegelsaal.*

Tautologisch taumeln wir
weiter. Schaun wir mal,

sagen die Betreuer und die Dichter
sagen: Was weiß der See, wann

der Wind kommt? DER APRIL IST
DER PASSENDE MONAT. Und wir

entdecken die Frau und sagen:
Die Meteorologie ist eine weibliche

Wissenschaft. Ja, wir bessern aus,
wir bessern nach, wir bleiben

kritisch bis utopisch, wir fordern
EINEN RECHTSANSPRUCH AUF
                              KINDERGARTENPLÄTZE.

Doch früher war es anders, FRÜHER
WAR DER GEIST SYNTHETISCH, jetzt

schwanken wir, ins Kino und
sehen: ZURÜCK IN DIE ZUKUNFT.

Und murmeln die alten Sätze zuletzt,
müde, müde und umwolkt

und lesen Bloch und schlafen ein.

Leipziger Wandteppich

Was gestern war,
wird heute abgewickelt

Oben die Engel mit den Posaunen
und den Raum-Zeit-Staubsaugern.
Unten ist Connewitz – Apokalypse
der Immobilien: Hinterhöfe,
radlose Trabis darin, magere
Katzen. Ziegel zerrissen wie Brot.

Die Männer sind Germanisten,
kantiger Haarschnitt, Brecht-Ecken,
ihre Augen: hohl, Gespenster-

Germanisten, aus den Büchern,
die sie halten, rieselt Staub,
bedeckt die Füße. Sie versinken.

Dort die Frauengestalt: Archäologie-
studentin, Ägyptologin, Marmor-
stirn, von keiner Hand geformt –
und jetzt auf
        Messen in Leipzig
die Standmaus, Elfenbeinfinger
auf einem IBM-Gehäuse, weh!

Weh, Fortuna geht barfuß einher,
ihr T-Shirt: *Born in the GDR!*
Verstreut im Bild: *Reudnitzer*-Flaschen.
An den Rändern wächst Kraut aus
den Höfen, verschlingt sich, umrankt
das Theater. Arabesken, bodenlos.

(Zu sehn in einem Hinterhof in Connewitz).

Im Museum der Geschichte

   – ein Glaskasten im Licht
   – darin ein grauer Stein
   der an den Rändern bricht;
   und also fällt mir ein

   wie ich versunken saß
   ... am Küchentisch in Kiel ...
   als die Meldung kam,
   als die Mauer fiel.

Nirgendwo bin ich angekommen

Der 9. November

Das Brackwasser stachellippig, aufgeschnittene Drähte
Lautlos, wie im Traum, driften die Tellerminen
Zurück in den Geschirrschrank. Ein surrealer
                    Moment:
Mit spitzem Fuß auf dem Weltriß, und kein Schuß
                            fällt.
Die gehetzte Vernunft, unendlich müde, greift
Nach dem erstbesten Irrtum ... der Dreckverband
                        platzt.
Leuchtschriften wandern okkupantenhaft bis Mitte.
                    BERLIN
NUN FREUE DICH, zu früh. Wehe, harter Nordost.

Marlboro is Red. Red is Marlboro

Nun schlafen, ruhen ... Und liegst lächelnd wach.
Das ist mein Leib nur, der noch unterwegs ist
Auf irgendwelchen Straßen, ah wohin.
Das Unbekannte wolltest du umfangen.
Jetzt kenn ich alles das. Es ist die Wüste.
Die Wüste, sagst du. Oder sag ich Wohlstand.
Genieße, atme, iß. Öffne die Hände.
Nie wieder leb ich zu auf eine Wende.

Nach dem Massaker der Illusionen

Guevara unter der Rollbahn mit abgehackten
Händen, »der wühlt nicht weiter« wie
Wenn die Ideen begraben sind
Kommen die Knochen heraus
Ein Staatsbegräbnis AUS FURCHT VOR DER
                                    AUFERSTEHUNG
Das Haupt voll Blut und Wunden Marketing
GEHT EINMAL EUREN PHRASEN NACH
BIS ZU DEM PUNKT WO SIE VERKÖRPERT WERDEN
Waleri Chodemtschuk, zugeschüttet
Im Sarkophag des Reaktors, kann warten
Wie lange hält uns die Erde aus
Und was werden wir die Freiheit nennen

HEINZ CZECHOWSKI

Hinter der Stadt

Die Flurstücke, abendwärts, Feldwege,
Von denen du sprachst,
Ziehn sich durch Raps- und Gerstenschläge
Der ehemaligen LPG, gequert
Von den Gleisen der Grubenbahn
Aufgelassenen Lehms. Staubfahnen
Wehen vom Baggerloch
Über verkrautete Felder, aufgeteilt
In Parzellen künftigen Wohneigentums.
Alles im Umbruch. Verwaist

Der Schafstall am Kollm, der Schlachtberg,
Markiert mit dem Apelstein Nr. 13,
Befahren von liebesnestsuchenden
Automobilbesitzern. Die Mangelgesellschaft
Abgelöst von der Marktwirtschaft. Gewerbegebiete
Versiegeln den Boden. Sprachlos
Gewordne durchstreifen das Land
Auf der Suche nach
Verlorenen Gegenständen. Volkseigener Schrott,
Herrenlos, türmt sich
Um Dörfer, viehlos, das Soll
Ersetzt durch die Milchquote.
Auf der Suche
Nach Rast und Ruh
Findest du eine
Weggeworfene Schreibmaschine, Marke Filia,
Unbrauchbar
Der computergestützten Gesellschaft.

Riesa, Umgebung

Leergetrunkene Gläser, Wespengetön
Im Grasgarten der Prausitzer Mühle.
Ausgebesserte Straßen
Verbinden die Dörfer um Riesa.
Man sollte
Eine Nachtwanderung organisieren, rund
Um den Stahlstandort: man käme vielleicht
Auch nach Jahnnishausen oder nach Hirschstein, Dörfer
Mit großer Geschichte und
Dem Elend aller Idyllen des Ostens.

Der Wirt in der Kneipe »Zur Dorfheimat«
Wählt Republikaner. Ringsum
Verfallene Güter, einst
Domänen der sächsischen Krone, jetzt
Leere Rinderställe, aus-
Gebrannte Herrenhäuser, kurz:
Noch immer, Herr Eich,
Tibetanische Pfarrgärten.

Das soziale Gewissen
Ist eine Notdurft der Seele.
Hier herrscht kein Wohlstandsalkoholismus:
Die stummen Trinker, arbeitslos,
Am Straßenrand sagen: *Isch*
Due nischt mehr, solln die drüben
Doch zahln, und
Erinnern
An Dix' frühe Bilder. Sachsen
Hat, nolens volens,
Noch immer Charakter:

Die Kindlein
Des Rehabilitationszentrums Schloß Hirschstein
Wissen nichts von Leopold, dem König der Belgier,
Der hier als Staatsgefangener einsaß.

Nur der Innenhof
Kündigt noch von der Noblesse
Sächsischer Schloßherren.

Zentralviehhof

Wir sind was dumpf am Stumpfe des Jahrtausends.
Die Fußspitzen könnten mal wieder rein sein,
das steht wohl fest, doch unterlassen wir,
tief schauend, jene Tat. Lieb Nachbar mein,
es willst auch du die Eisen nicht durchbeißen,
rund, blankgewetzt vom Fett der Generationen
(S-Bahnstation Leninallee und Folgen)
– ich schau dir in das edle Aug! Und ob
die Namen sie zu richten kommen, gummi-
geschürzte Kerle Herdenführer werden?
Wir sind was dumpf, wenn wir auch vorwärts gehn,
endlich empor zum Tor. Mich deucht, ich seh.

Diese Frau

Diese Frau und die Reste von Häusern in Zeilen
von Häusern, die stehengeblieben sind,
und dieses Kind und kein Mann.
Nachkrieg, ein Ende der Kleinfamilie,
doch nicht der Beginn von etwas anderem.
Sehnsucht nach dem Muster des alten, wenn auch
umständehalber verschwommenen Bildes.
Beinahe nur einfach, beinahe nur schön, das Draußen
zu genießen, den tieferen, ruhigen Atem, diese wie neue
Sanftheit der Töne und Luft nach dem Lärmen und Brennen
und nach dem Unatembaren im Unterschlupf.
Unter dem Kopftuch die Locken hervor.

Dank einer Bö gibt das Kleid die Knie frei
im wieder erblühten Fleisch.
In Höhe der Taille der Kinderkopf.
Ohne Jahreszahl. Aber sehr deutlich mein Jahrhundert.

Was hab ich noch nachzuholen

Fast jeden Ort hatte ich nachzuholen, fast jeden Anblick.
So einen gewissen blauen Berg hatte ich nachzuholen.
Wo hernach? Doch eigentlich hervor.
Ein Venedig und ein Comersee und ein Lugano und ein *che bello* im Original.
Amsterdam habe ich zeitig nachgeholt, Kopenhagen brachte
ich ähnlich hinter mich und meine Frau, die noch mehr
nachzuholen hatte.
Was habe ich noch nachzuholen?
So viel hatte ich gelesen über Eastside und Westside –
New York hatte ich unbedingt nachzuholen, nach
                              Chicago,
nach San Francisco, nach dem Grand Canyon undsoweiter.
Oder wars andersherum?
Erst holte ich den Ku'damm nach dem Savignyplatz.
Erst holte ich das Oberhalb der Mauer nach, in der S-
Bahn, nach dem jahrzehntelangen Vor oder Hinter.
Was hab ich noch nachzuholen: Paris und Provence und
                              Rom
sind bereits nachgeholt, hab ich abgeholt.
Wem hab ich was nachzuholen?
Wie hol ich die liebe Gewißheit aber?
Wie hol ich das Kind nach, das hätt mir so wohlgetan?
Aber das ist ein Durchgangsstadium.

THOMAS ROSENLÖCHER

Die Dresdner Kunstausübung

Auf dem Rasen im Hof vor den Ranken am Haus
die Stühle besetzt von weißhäuptigen Damen,
die hier schon so lange ins Nachmittagslicht
blinzeln, daß sie zwar Weber nicht mehr,
doch Wagner noch kannten. Und mir nun bedeutsam
zunicken: Gleich geht es los, Junger Mann.
Und wirklich sitzen die Herren Musiker
schon habacht. Ein Fenster schließt sich, ein zweites
mit deutlichem Wummern, und fortläuft die Katze,
ein drittes aber öffnet sich
und ein hoher Malvenstrauß
wartet herab. Jetzt nur noch draußen
das Motorradratzen vorüberlassen.
Von unten, vom schlammdröhnenden Fluß,
das Schleppertuten. Und Stille. Der Berghang
atmet sein düsteres Grün in den Garten.
Und leise beginnen die Herren das Licht
zu violinieren. Die Uralten schlummern.
Langsam überwuchert Adagiengerank
den Garten, die Stühle. Ein Mückenaufnieder
verlangsamt sich langsam und näht
den Augenblick fest. Ich altere nie,
ihr Dresdner Kunstmumien. Aber was haben
die Herrn Musiker? Sie sägen und sägen,
crescendo, und steuern, die Uralten nicken:
ja, die Staatskapelle, das Mückengezuck
rast rasch und rascher, zu Hilfe, die Zeit –
dem Orkus entgegen. Jetzt fehlt nur noch Schnee.
In riesigen Flocken an der Dachkante

vorüber, der weiche Barockschnee des Elbtals,
daß mein Haar weiß wird. Und Beifall. Und Schluß.
»Wo ist«, fragte links die vogelköpfige Alte,
»der junge Mann hin, der vorhin hier saß?«
»Fort«, sag ich. In kaum einer Stunde zu Dresden
im Ansturm der Schönheit um Jahre gealtert.

Das Immobilistenballett

Die Autos stehn schräg auf der Wiese. Die Herren
treten drei Schritt vor und heben die Köpfe
im Grölen der Vögel. Ist ja wirklich hier
eine richtige Wildnis. Doch schwierig als Bauland.
Wie soll sich das rechnen? Rechnet sich das,
kauft man sich gleich was, und wieder drei Schritt vor,
wo man noch wirklich, und Brombeergerank
umklammert die Hosen, zu leben versteht,
in der Toscana, der Kirschbaum muß weg,
zwecks Tiefgarage – aufwehen die Schlipse,
das Grölen der Vögel malt Bögen in ihre
pragmatischen Hirne, und selbdritt drei Schritt
stolpern die Herren, SOS tippt einer
in den Taschenrechner, o Wunder, in Richtung
Toscana. Totale Kirschblütenverschüttung.

Dezember 89

Der Schnee von gestern,
Straßenschleim.
Hokuspokus ohne Hexerei.
Am Himmel sonnt sich eine Sonne –
als wäre es Sommer und heiß.
Fetzenweise löste sich dann
die Haut von uns. Und jetzt?
Die Partei, eine Zwiebel, übt sich
im Enthüllen. Welche Schale färbt sich
schneller puterrot? Abfall, Tränen,
und kein Kern in Sicht ...

Kapitalismus mit Tübinger Antlitz

Wieder fünf Stunden in T., fleißig
in Nähe des Hölderlinturmes gehalten,
wieder nicht wahnsinnig geworden.
Obwohl: Stocherkahnrennen,
Aktionskunst, urdeutsch –
feucht und kräftezehrend,
dem Zweiten seinen Lebertran.
Wie ernst ist der Ernst.
Aber die Stadt, meine Mutter,
so würde sie den Westen lieben:
ein riesiges Tübingen. Die Jugend
trifft sich zu Mülltrennungsfesten.
Löffelt links gedrehten Joghurt

– oder doch rechts? Jedenfalls
vorschriftsmäßig. Alles beachten
und die Zukunft wird gut. Darauf
einen Schoppen! Der läutet ein
die Nacht. So einen kriegen Sie,
weiht ein mich der Geber, nirgendwo
anders. Wir trinken unsere Weine selbst.

ULRICH SCHACHT

Im Fernglas W.

Schnitt in
den Horizont: Die
Stadt. Herz meiner
Augen. Vors Wasser Turm
um Turm gesetzt die
ferne

Festung In
ihren Mauerbrüchen kenn
ich mich aus noch
nachts leuchtet
wenn nichts
mehr

leuchtet der
Stein auf den
Straßen mir: Heim. Weg

wo du liegst bin
ich vielleicht
schon ein

Fremder

DAS BRANDENBURGER TOR HAB
ich nun auch durchschritten und
dachte dabei so sind sie die
historischen Stunden: Nicht
immer geht alles im Gleichschritt
aber schon da müssen gar
keine Fahnen flattern da reicht
ein Wind um die Rockschöße Mäntel
und Hüte. Hier gings mal nicht
durch. Sagen Passanten in jener
Zukunft, zwölf Monate könnte die
nah sein, und wundern sich über
sagenhafte Ideen von einst: Stadt
Mauern hießen die, und ab und zu fiel
einer von den Zinnen. In Chroniken
müßte das stehn. Von damals

(28. 2. 90)

Die Bibliothek von Sarajevo

Das Geschoß von den Hügeln traf
zuerst ein paar Hände und Hirne
später Haar Brust oder Augen auch
Füße in Schuhen verschiedener

Größe. Das Geschoß von den Hügeln
ist ein wißbegieriger Anatom der
Bücher aufschlägt Wort für Wort
buchstabiert er uns Eisen Feuer
Geschrei erinnert laut an den
Schmelzpunkt von Glas Stein oder
Recht memoriert die Geschichte der
Asche in die sich manchmal das
Wasser mischt aus Wolken Gesichtern
und andren Gefäßen. Ein Gelehrter
ist das Geschoß von den Hügeln: Was
wir vergessen wollten, wie einen
dunklen Roman, das Alphabet unsrer
Scham bringt er uns wieder bei
feuerzüngig streng und unter dem
Blau eines wunderbar leuchtenden
Himmels in dem was emporsteigt Blei
schwer und Papier leicht zugleich

KURT DRAWERT

Ortswechsel

Meine Freunde im Osten
verstehe ich
nicht mehr, im Landstrich
zwischen Hamme und Weser

kenne ich keinen.
Gelegentlich grüßt mich

der taubstumme Bauer
von gegenüber, oder ein Beamter

kommt auftragsgemäß
und überreicht,
was zu befürchten war,
mit lockerer Hand.

Nirgendwo bin ich angekommen.
Nirgendwo war ich zuhaus.

Das stelle ich fest
ohne Trauer. Was also

hole ich her,
wenn ich bleibe,
was sollte bleiben,
wo es jetzt ist.

Der Geruch nach nassem,
faulendem Holz
morscher Dielen
ist im Gedächtnis,

die Gespräche des Nachts
waren wertlos und sind schon
in alle Winde
verkauft. Voyeure

des besseren Wissens
sind wir gewesen, mit der
gesicherten Stille
des dauernden Winters

im Rücken, mit schönen Sätzen,
die irgendwo im Büro
eines kläglichen Amtes
zerbrachen.

Daran
schweigen sich lautstark
meine Freunde von gestern
heute vorbei,

denn schon wieder gilt es,
das falsche Wort
im rechten Moment
zu verpassen, den Startschuß,

das nächste Ziel abwärts.
Jetzt also spreche ich Klartext:
Ihr habt mich getäuscht. Ich
bin ein anderer gewesen

im Zentrum der beschädigten Jahre.
Doch wenn ich, für die Sekunde,
meinen Namen vergesse,
dann verstehe ich wohl

diesen Grabgang
der Sprache und möchte bedauern
und die Verwesung
allen Gewissens

milde betrachten,
so wie sich das Herbstlicht
am Abend sanft senkt
zwischen den Weiden

und die Dinge im Nebel
davongehn wie müde,
geschundene Tiere. Doch
ich verstehe es nicht.

Doch mein Körper
ist ruhig geworden,
und es grüßt mich
der gemiedene Bauer.

Sisyphos

Das waren noch Zeiten,
als es einen Gegenstand gab,
den es zu bewegen galt.

Daß der Auftrag ein Flop war
und der Winkel der Steigung
das Objekt jeweils kippen

und zurückstürzen ließ,
konnte als Strafe
nur in der Unterwelt gelten,

in der Dilettanten am Werk sind.
– Kein Gespür für die Lust
auf Wiederholung,

solange noch Materie
im Spiel bleibt,
keine Gerichtsbarkeit,

die er ernst nehmen mußte.
Seit seinem Freispruch
dümpelt er trüb vor sich hin

und stiert in die Leere
zwischen den Händen.

Wieder und wieder.

Pflanzen überwachsen die Fenster

Ich werde dich bald erreichen

Ich sehe Wolken nach die sich
Langsam nach Süden entfernen.
Wenn ich auch dorthin könnte.
Von mir aus mit Krähenflügeln.
Ich habe nicht mal Entenflügel
Mit denen ich dorthin käme.
Habe nicht Füße – Entenfüße
Und nicht Fußgelenke schöne Fußgelenke
Dorthin zu dir zu eilen.

Waldmensch

Hat mich in seine Wälder gebeten wo
Immer sie lagen ging hinter ihm
Donnerkeile in beiden Taschen.
Er bewegt sich wie ein Schwarzer
Auf eigenem Boden es existieren
Zebrastreifen für Weberknechte und Käfer
Schenkt mir ein abgestreiftes
Eidechsenhemd. Ach verbreitet er
Hochgemut Ruhe ein herrliches
Rauschen der Sturmwind saust
Über uns hin findet nicht aus dem Tann.
Wir durchkämmen gewölbte Haine
Lachend und stumm auf der Insel
Bärlauch putzt uns die Schuh Bluebells

Renken die Hälse sich aus. Verlorn die Köpfe.
Nichts Schönres wahrhaftig auf der Welt
Als ihm folgen. Ich höre mein Herz
Knirschen gegen sich.

Fremder

Wie verzaubert ich bin – Pflanzen
Überwachsen die Fenster die Steine der
Treppe Vögel fliegen im Haus, das
Gesicht durch fremder Leute
Falten und weiße Strähnen getarnt
Gehe ich um und durch die Spiegel.

Nördlicher Juni

Die Nächte haben ihre
Eigenschaften verloren:
Weiße Stufen die
Horizonte mit
Rostroten Tüchern.

Wer hier hinaufspringt
Kann glücklich werden.
Dreimal rufe ich dich aber
Du bist nicht
Auf Erden.

HELGA M. NOVAK

dieser Wald

dieser Wald Traum meiner Kinderjahre unentwegtes Gehen
Erfüllung und Erinnerung Wald so zerschossen und
gerupft dieser Wald und kein anderer meine
wiederkehrende Deckung zärtlicher Schutz erlösendes
Untertauchen laufend einhaltend schlafend und zerstochen
auffahre ich und weiter und rein immer tiefer
dieser Wald so laut und verschwiegen so wärmend
und kühl so belebte Stille ich schnüre und schleiche
und pirsche und trample in jeden ausgeleerten Bau
wie ein Stamm verharre ich in diesem Wald als hätten
viele ihre Enden an mir blank gefegt ziehe ich unverletzt
weiter schlurfe durch bronzenes Laub streife die
rotgoldenen Stämme reiße weiße Rinden ab sie mir
um die Waden zu wickeln wie Birkibeinar dieser Wald
und kein anderer reicht bis nach Sibirien die echte
Ostwesttangente grüne Brücke kahle Brücke weiche
mit Schwingen und Nadeln
mein Obdach und meine Verwilderung
dieser Wald setzt mich in Brand schon knistert
meine Haut ich laufe herum wie das Echo vom Feuerstoß
dieser Wald in dem ich nie alleine bin mit meiner
heilsamen Einsamkeit dieser Wald aus Jagen und Revieren
der sich hinzieht wie alte Liebe und streichelt
die gefurchte Stirn mein Heim und dauerndes Versteck

JÜRGEN THEOBALDY

Ein Orakel in der Nähe

Im Zimmer hier rührt sie
die feinen Flügel der Luft auf,
sie summt vom Gelb des Sommers,
vom Sommer der Waben und des Honiggelbs,
vom wahrhaft friedlichen Hausbau.

Unerreichbar nah der Duft,
die Blüten, der Weg zur Erleuchtung,
die uns alle Wege erleichtern würde.
Die Wälder und Tempel sind draußen;
dazwischen dies halbe Jahrtausend aus Glas.

WERNER SÖLLNER

Der Schlaf des Trommlers

Nacht, gelb
von Gewittern, die Häuser
sind leer, im kühlen Grund
wo der Holunder sich hält
schlafen die Schläfer
sich aus der Welt

Aber der Hüter geht
unruhig, im flackernden Traum

geht er schwer, er rührt
die Trommeln aus Stein
und ruft mit der Schierlingsposaune
das verstreute Gebein

Sie stehn auf
und kauen den Mohn, sie reden
mit dem unruhigen Vieh, sie fragen
die Mäuse nach Brot
und ziehen eiserne Nägel
sich aus dem Tod

Grund, kühl
von Vergessen, da war ich
mit Pechmarie, hatte Liebstöckel
im Mund, im hölzernen Kleid
steht der Trommler
in zerrissener Zeit

Siebenbürgischer Heuweg

Hinter den Bergen am Waldrand
neben dem schwarzen, unruhigen Vieh
im gelben Hornissengewölk, hier
war ich, eingewickelt
in die dunklen Tücher des Mittags
unterm Wildapfelbaum.

In der unpoetischen Landschaft
sangen Stein und Metall
ein schartiges Lied, mit dem Eisen

gingen die Männer
durchs kniehohe Gras.

Ein verspäteter Kuckuck rief
mit der fremden Stimme des Glücks
eine unendliche Zahl, schrill
schrie der Maulwurf die Antwort, bevor
sie ihn köpften.

Seine Blutspur entlang
unterwegs, was mich betrifft, an der Hand
des alten Zigeuners, aus der Wunde im Gras
in eine andere Wunde aus Gras.

KERSTIN HENSEL

Schatten Riß

Jetzt haben wir uns
Eine Sonne geschaffen und haben sie über
Uns angemacht und sind dann
Druntergestanden bis wir Bilder warfen
Die Welten glichen und da lobten wir uns
Unkenntlich lang
Wuchsen wir und liefen
Breit, taub und lichtlos, und da ist was
Dazwischen
Gekommen
Und das geht mitten durch
Uns.

Garten

Diese Pracht: in der Sonne
Hock ich in den wuchernden Blüten in den Früchten
Blutkirsche und Mohn, eingebettet
Im Ginster, geil und waffenlos
Und traumtrunken sink ich: Heckenrosen
In deren Umarmung ich liege! Unterm Gras
Vernehmbar: eine Art Gleichschritt der Samen-
Schießung. Klirrende Glocken-
Blumen am Kiesweg. Marsch! Ich bin
Noch einmal HEIL
Davongekommen im Gemetzel der Schwertlilien,
Hinterrücks Gladiolenlanzen schlagen mich
In die Flucht, Fangwurzeln, Seltsames tu ich:
Luftsprünge, stürze, blutig die Zunge
Von meiner Angst – das Tor
Verrammelt, keuchend häng ich
Zwischen den Bäumen. Pappel-
Schnee auf den Lippen
Und die Augen lindig verklebt.
Mächtig der Sommer
Knallend von Farben und Lust.

ein Stück unseres eigenen Lebens

nachtmahl auf dem acker

Wenn großvater am abend
das kräutichtfeuer schürte,
machte er die sterne,
die später über unseren köpfen standen

Wir erkannten sie wieder

Und der mond war ein armer bruder,
der zur sonne betteln ging
(manchmal bekam er etwas,
manchmal nicht)

Ich wußte noch nicht, daß der mond
das vorweggenommene antlitz ist
der erde

Ich war noch nicht Adam,
und großvater ähnelte gott

Damals, als ich noch vom himmel aß

spaziergang zu allen jahreszeiten

Für E.

Noch arm in arm
entfernen wir uns voneinander

Bis eines wintertags
auf dem ärmel des einen
nur schnee sein wird

ELISABETH BORCHERS

Vom Eindringen des Imperfekts
in die Grammatik des heutigen Tages

Die Erde bricht wie Brot.
Ich gehe zu Grund, klagt das Meer.
Das Feuer, dies sanfte Delirium.
Der Abendhauch stürzt einen Felsen um.

In Gedanken an Brecht

Ich betrachte das Bild und sehe:
Die Erde trägt eine Säule
und die Säule trägt den Himmel.

Also wird die Erde nicht aufbrechen
und der Himmel wird nicht einstürzen.
Das kann schon morgen sein.

Ostern, Kinderzeit

Weißer als die Kaninchen
und im Winter der Mantel aus Pelz
Weißer als im Grünen das Lamm
und die gestärkten Schürzen
von Ida und Elsa
Weißer als Butter und Brot
auf dem weißen Linnen des Tischs
als der Morgenhauch
als der Rest vom Zweifel
Und weißer noch als die Kissen
auf Oblomows Sofa
war das Licht. So weiß.

Nein

ich mag diese Villen nicht
Villen am Hang wie die Villa Carlotta
umzingelt von Treppen Säulen Terrassen
eingekreist von Bäumen Hecken und Sträuchern
bestückt mit schäbig gewordenen Antiquitäten
zweifelhafter Malkunst, griechischen Männerkörpern
aus Gips, weiß, nackt und kalt.

Ich mag aber unseren Gang hinauf und hinab
im Bewußtsein, daß wir verschwunden sein werden
wie Carlotta, bald schon, in einem Jahrhundert
Und ohne die Hinterlassenschaft eines Tischchens,
Stühlchens oder Kanapees.

Liebesgedichte

Ich hör dich Schritt für Schritt
seitdem du fortgegangen bist.
Ich seh dich Wort für Wort
seitdem du schweigst.

Der Tag- und Nachtschein
sucht die Wege ab.
Er findet dich nicht
und will uns nicht erleuchten.

Das Brot wird trocken.
Keiner ißt's.
Das Wasser schwebt davon
als Wolke.

Das Dach zerblättert
und die Tür fällt ein.
Das Jahr zählt zweifach.
Dreifach muß es sein.

PETER HORST NEUMANN

Die allegorische Spinne

Es hängt ihr Netz
an ungeschütztem Ort.

Wer sich verfängt, verwest
am leichten Faden.

Wer sich befreit, zerstört
den schönen Text.

Kein andrer
hat ihn je verstanden.

Als sie nach einer Sommerreise
ihren Garten wiedersah

Die unter Wunden
aufgesteckte Brombeerhecke
wuchs über sich hinaus,
mit Stachelschlangen
sind die Wege überschossen,
dein Fleiß vergessen,
deine Ordnung überlebt.

Verbrüdert wuchert Kresse
zwischen Bohnen, die Zwiebeln
haben sich mit Wicken
überworfen, der kleine Kürbis
stieg den Baum hinauf,
läßt seine Kugeln bei den Äpfeln
leuchten.

Sich zu verwüsten –
Lust der Gärten. Wenn
du dich freuen könntest,
Gärtnerin. Die Bombe
vom Tomatenstrauch
fällt weich.

Überlieferung

Das wiedergefundne
Gesangbuch des Urgroßvaters,
letzter Analphabet
der Familie.

Auswendig sang er
im Kirchenstuhl mit
mächtiger Kleinbauernstimme
die Lieder ins
aufgeschlagene Buch.

Ein Strohhalm,
sein Lesezeichen.

RAINER MALKOWSKI

Heute und in wie vielen Nächten

Mit jedem Toten verdirbt ein Stück
unseres eigenen Lebens.
Also um wen klagen wir, wenn die Freunde
verstummen?
Sechzig schwarze Schuhe auf einem blendenden Kiesweg,
hinter einem polierten Wagen im Schrittempo.
Sommerstaub
auf den Thujen.
Ich bin bei dir, ich erinnere mich
an mein vorhersehbares Verschwinden.

Die einfachen Dinge:
eine Klinke niederdrücken,
den bewölkten Himmel morgens
auf seine Veränderbarkeit prüfen –
du kannst sie nicht mehr tun,
und ich fürchte mich.

Heute und in wie vielen Nächten
stehn die Sterne
nicht vollzählig überm Land.

Nur einmal

Falls jemals in meiner Nähe
eine Nachtigall sang,
habe ich es nicht bemerkt.

Die Wanderung des Sandes
in der Wüste
sah ich nie.

Ich bin Vegetarier,
ernähre mich
von Lesefrüchten.

Nur einmal zog ich einer Toten
das Laken vom Gesicht.

Da war ich
auf der Höhe des Lebens.

Schlechtes Bild

Als ich dich kaufte,
habe ich wohl gedacht:
gib ihm eine Chance,
eines Tages
wird es sprechen.
Jetzt hängst du schon zehn Jahre
stumm an der Wand.
Aber langsam beginnt
unsere fruchtlose Beziehung
kostbar zu werden.
Noch einmal zehn Jahre,
und die Frage, wer von uns beiden
versagt hat,
ist ohne Belang.

Spiegelbild, bei 40 Watt

Geduldig
bis zur Gleichgültigkeit.
Nie etwas für jemanden riskiert,
dessen Gesicht ich nicht kannte.
Keine Leidenschaft für Ideen.
Träume, kein Traum,
aus dem ich erwacht wäre für immer.
Unbegabt
für nützlichen Glauben.
Ein Verschwender
nie wiederkehrender
Gelegenheiten.
Zwei oder drei

Umarmungen von Geistern.
Und das früh gefundene Glück –
der Rest,
trotz aller Zweifel,
Lebensspielsachen,
die Verteidigung
der Beute.

PETER HÄRTLING

Meine Landschaft

Meine Landschaft will ich wecken,
unter dem anhebenden Licht,
Wege ziehen will ich, wild,
mit offenen Enden,
Hügel will ich aufwerfen,
in unregelmäßigen Sprüngen,
sie mit Felsen schärfen,
ihnen Wälder aufsetzen,
schwarz oder mit farbigem Saum,
Bäche will ich
springen lassen,
Gedanken an freundliche Begleiter.
Meine Gegend,
wo ich mir ein Haus denke,
von dem die Luft
den schönen Umriß weiß,
dort, wo Gärten

als Verse bleiben,
in diesem seltenen Licht,
dort,
wo ich sein werde.

Glück

Nichts mehr,
was dich treibt,
nichts mehr,
was dich hält.
Auf den Hügel hinauf
und so lange
nach Innen singen,
bis die Stimme
dich aufhebt
und mitnimmt.

HILDE DOMIN

Wahl

Ein Mandelbaum sein
eine kleine Wolke
in Kopfhöhe über dem Boden
ganz hell
einmal im Jahr

Einer im kleinen Stoßtrupp
des Frühlings
keinem zu Leid als sich selber
im Glauben an einen blauen Tag
vor Kälte verbrennen

Ein kleiner Mandelbaum sein
am Südhang der Pyrenäen
oder im Rheintal
der bleibt und wächst
wo er gepflanzt ist

Aber entlang gehen
bei diesem Mandelbaum
oder ihn plötzlich sehn
wenn der Zug
aus dem Tunnel kommt

Lachen und Weinen und die unmögliche
Wahl haben
und nichts ganz recht tun
und nichts ganz verkehrt
und vielleicht alles verlieren

Doch mit Ja und Nein und Für-immer-vorbei
nicht müde werden
sondern dem Wunder
leise
wie einem Vogel,
die Hand hinhalten

Lichtinsel

Mein Schatten
der schmalste einsamste
unter den Toten

Auf der Lichtinsel
streunend
herrenlos

Vielleicht
diese Scharen
vielleicht
einzelne geschart
vielleicht
unter ihnen
wir
neu ausgesät

Als Bäume
werden wir sanfter sein

Vielleicht
als Bäume

Überfahrt

Meiner Mutter

Ein Kind
das macht die Ferne
es hat lockeres weißes Haar
es trägt ein schwarzes Kleid
es ist kein Kind

es steht in einem Boot
mir abgewandt
es hebt die Arme –
nicht zu mir –
auf der andern Seite ist Land

Ich sehe nur den Rand dieses Boots
und die seit immer bekannte
leichte
Drehung des Kopfs

Rückzug

Ich bitte die Worte zu mir zurück
ich locke alle meine Worte
die hilflosen

Ich versammle die Bilder
die Landschaften kommen zu mir
die Bäume die Menschen

Nichts ist fern
alle versammeln sich
so viel Helle

Ich ein Teil von allem
kehre mit allem
in mich zurück
und verschließe mich
und gehe fort
aus der blühenden Helle
dem Grün dem Gold dem Blau
in das Erinnerungslose

Dieser weite Flügel

Dieser weite Flügel
mein Wort
mit den unsichtbaren Schwingen
ich bin weitgegangen ich bin gelaufen
mit lidlosen Augen
die Kontinente die Jahre herauf

WALTER HELMUT FRITZ

Weltmeisterschaftsspiele

Am späten Nachmittag
– die Aufwinde sind stark genug –
steigen die Ballone
über den welligen Höhen auf.

Sie erblühen rot, gelb und grün,
führen ihr Schauspiel auf.
In ihnen spukt das Leben ihrer Piloten.
Die Sonne schaut ihnen zu.

Dann beginnen sie fortzurollen.
Während das Kind – es hat
brennende Augen – ihnen nachwinkt,
werden sie langsam vom Licht verzehrt.

Fünfundachtzig

Eine Woche vor der Reise beginnt sie mit schläf-
rigen Händen ihren Koffer zu packen. Heute die
Wäsche, morgen die Blusen, die Schuhe. Trödeln!
Mit offenem Haar. Dazwischen ist es am schönsten,
noch einmal auf dem Jahrmarkt zu sein und Krapfen
zu essen. Am Abend die alten Fotos, auf denen man
nichts hört. Die Schaukel im Garten. Das erste
Fahrrad. Die Kinder im Arm. Bald ist Krieg.

Keine Ahnung

Als Synchronsprecher gearbeitet,
an Elektronenhirne gedacht,
an sein in Stücke gehendes Leben.
Oft reglos, ohnmächtig gewartet.
Oft das Gegenteil getan
von dem, was er tun wollte.
Warum? Ich höre ihn sagen:
Keine Ahnung!
Im Winter Hals über Kopf
abgereist. Skifahren!
Alle Warnungen des Lawinenberichts
mißachtet. Schon tot, verschüttet,
als die Männer mit ihren Hunden
eintreffen, um Suchstäbe
durch die Schneedecke zu bohren.

Als er einen Schädel schüttelte

Der lag so starr im Fach.
Ich griff zerstreut hinein
und fuhr ihn durch die Luft.
Da ward sie trüb.

So glatt auch das Gebein,
darin ist viel Zerfall.
Was da vergangen ist,
tritt aus als Staub.

Was war das für ein Tier?
Der Schädel sehr zerfurcht.
Warum hob ich den auf?
Er staubt und starrt.

Ich lege ihn zurück,
da klärt sich schon die Luft:
Nichts dauert, es vergeht
selbst der Zerfall.

Als am 4. 4. 96 der Winter zurückkehrte

Nun alles wieder weiß
Nun alles wieder tot
Des Wetters grimme Wut
Der Tiere liebe Not
Des Menschen Unverstand:

Will es denn hier auf Erden
In diesem Unheiljahr
Gar niemals Frühling werden?

Der schneebedeckte Tann
Das frischgeweißte Dach
Der Winde Kraft so stark
Der Vögel Flug so schwach
Des Menschen blinder Zorn:
»Gott, das kannst du nicht machen!«
»Du siehst doch, daß ichs kann!«
Gott's unhörbares Lachen.

Vogel Herz

Air

Mädchen, du gehörst dir nicht mehr.
Du wurdest in der Luft ein Lied, das ich summe,
ganz einfach ein Lied, das
keine Noten braucht,
für immer im Ohr für die,
die es hören, ganz einfach
die Melodie in der Luft,
in der du lebtest,
als du über mich lachtest.
Mädchen, ich war der Mann,
der es zuerst hörte –
ein Lied ohne Worte.
Die Worte mache ich später für dich.
Noch bist du für mich erreichbar
ganz ohne sie, Mädchen.

Zärtlichkeit

Das raschelnde Laub in der Brise,
die Blütenblätter im Wind –
ich möchte hingehn, wo diese
anderen Menschen sind:

ahnungslos in der Liebe,
liebevoll, Wort um Wort,
und zueinander, als riebe
sich Wange an Wange am Ort,

den es niemals gegeben
und schon gar nicht im Paradies:
irgendwo nur und daneben,
was man mit Zärtlichkeit hieß

das Leben, wie das Empfinden
von etwas, das raschelt im Laub
in der Brise, um zu verschwinden
im wehenden Blütenstaub.

Einiges an dir

Vergiß nicht: einiges an dir
war so, daß ich es gern hatte.
Ich sage nicht mehr. Einiges
war wie nirgends sonst –
eine Handbewegung, Schnappschüsse,
ein abgebrochener Satz –
alles war gesagt,
die halb geschlossenen Augen,
wenn sich etwas bewahrheitete.
Ich sage nicht alles.
Man bekommt es von niemandem
besser zu hören.
Du wußtest es besser.
Du unterbrachst dich,
hörtest zu, wußtest
gar nichts mehr:
nichts war dir lieber.
Einiges an dir
verlor sich nach und nach.

Einer schrieb – er wußte Bescheid –:
Da ist nichts Feines am Sterben.
Man kann es nachlesen.
Vergiß es.

ULLA HAHN

Ars poetica

Nomina si pereunt, perit et cognito (!) rerum.
Carl von Linné

Ja. Nein. Verantwortung. Gott
so viele Worte. Zu haus sein wo
man hingchört der große Weltatlas
finale Störungen Erlebnisdichtung die
rose is a rose is a rose

An dieser Stelle nur noch Ich Erleberin
Adresse weltweit unbedeutend und beliebig
die Sonne scheint geh diesen Weg entlang
was täglich abfällt ist dein Material
Erzähl mir nichts vom Gehn steh auf und geh

Der Garten wartet Ostermelodie wo es sich dreht
gefiltert sublimiert schön tief und hoch
prozentig destilliert Bewußtseinspoesie der alten Art die
Rose is a rose est una rosa
und würde ohne jeden Namen duften.

Stillständiges Sonett

Mein Herz ist bei dir, sagst du. Frag ich: Wo
sind Hand und Fuß? Das Mittelstück? Das
Untenrumherum? Wie lebt es sich links
oben ohne? Herzlos Hauptgewinn? Was

fange ich mit diesem glibberigen Muskel an?
Den du mir zugesteckt hast heimlich wie ein Kind
die Mutter könnt es sehen und dem Vater sagen
Soll ich's in Sauer legen daß es lustig wird

dein Herz bei mir?
Noch nähre ich es dir mit meinem Blut noch
schuftet meins für zwei. Doch es wird müde.

Faßt du dir deins nicht bald
nimmst es in deine Hand nimmt meine:
Stolpert meins über deins stolpern stehen still beide.

Ballade von Mutter und Kind

Kurz nach dem vierzigsten Geburtstag
Hat sie es erfahren. Ihr Sohn ist acht
Und seither bei der Tante. Erst hieß er
Mehmet. Dann verschwand der Vater. Jetzt
Heißt er Johannes. Die Chemotherapie
Ist abgesetzt. Beim ersten Wiedersehn nach Wochen
Riß ihr das Kind im Spiel die Mütze runter.
So weich die eine Schädelhälfte
Wie ein Säuglingsgaumen und spitz abfallend
Bis zum linken Ohr. Oh hier rief er und strich
Der Mutter übern Haarkranz hinten. Hier fühlt sich alles
Ganz wie früher an.

Wann werde ich aus Liebe sterben?

Lach. Binde Rüben ans weite Wasser.
Wach über sie. Leiber gewinnen draußen.
Das neue Leben war Bartwichsen.
War der Leib rosafarben, nenne ihn weiß.
Wer benennt das Eis? Schade um den Leib.
Laure. Wann werd ich?
                    Wohl nie.

Sie hüllte sich in ihren Mantel aus Frottée

Morgengesicht, Morgengericht, früh vollendetes
Mahl, zwei schlaflose bleiche Traumgesichter
nach einer hellsichtigen Nacht. So glänzen
die Erscheinungen zur Unzeit; biegsame Knabenrute
an den Tag gelehnt. Rätselhaft sind die Massaker
im Spatzennest: zungenloser Schrei aus wundem Schnabel
federleichte Erschütterung. Tau und leise Tatkraft
von den Blattadern spritzende Tropfen benetzen
die gänsehäutigen Knöchel und Zehen; etwas geht vorüber.
Er will ein Kind machen, sie möchte einen Mixer
ein Schlag wie eine versteckte Liebkosung, zwischen
den Zähnen zurückgenommen von einem irdischen Lächeln.

Wunsch nach einer vollständigen Entleerung: einerseits
Tabula rasa, Lilienleere, winzigste Erderschütterung
andererseits kein Wunsch nach Einverleibung,
                              »Mangelkultur«.

Im Gleichgewichtsorgan ein zitterndes Nachbeben
die Bohlen schwingen, und die Teetasse klirrt.
Der Leib im frühsten Frühjahr leuchtend weiß, wie
                      wächsern
tiefer Trichter mit gelbglühenden Staubgefäßen
Tigerlilie, zu der ein antiker Reiter heransprengt
unbronzierter Blick, im Rücken ein leerer Denkmalsockel
und Geschlechterfolgen, windzerzauste Stammbäume.
Er küßte den morgenstillen Mund, staunend empfing
der Mund, die Kruste der Lippen sprang auf.

HANNELIES TASCHAU

Erster Versuch

Streckst deine Beine aus wimmerst
oder lächelst
Ich will wissen was du geträumt
hast
Ich will deine Geheimnisse wissen
Hast du gedacht was ich eben
gefragt habe
Du wirst mir schon sagen was du
gedacht hast
Ich werde dir schon zeigen in
diesem Leben was es
bedeutet
so nah beieinander zu leben
bedeutet
voneinander zu leben

Zweiter Versuch

Streckst deine Beine aus
wimmerst oder lächelst
Ich will nicht
wissen was du geträumt
hast ich will nicht
deine Geheimnisse
wissen
du sollst mir nicht sagen
was du eben gedacht hast
So kann ich glauben du
hast gedacht was ich
dich eben gefragt habe
Ich würde dir nur zeigen
in diesem Leben daß
bedeutet
so nah beieinander
zu leben
bedeutet
voneinander
zu leben

DORIS RUNGE

die sehnsucht erfindet

    dich
    einzig
    der gesang
    trägt

dich
wie du dich
an mein herz bettest
hart und zäh bleibst
und es erstickst
langsam
in liebe

mit blick auf den kölner dom

wir sehen nicht
was wir wissen
den doppellauf
der türme
den himmlischen
rücken küssen
wir frühstücken
apfel und ei
erkennen
daß wir im nebel
reisen müssen

sirenenlied I

was fängt
der zweibeinige
in seinem netz
einen fisch
einen törichten fisch

was trägt
der zweibeinige
in sein haus
einen fisch
einen toten fisch

ein schlag auf den kopf
das silber geschuppt
die zunge heraus
gerissen

nun ist es still
in der nacht
und der mond
scheint so schön
und wir reden

von liebe

DAGMAR NICK

Vorsorge

Rechtzeitig habe ich
einbalsamiert, was ich liebte:
damit ich dich eines Nachts,
wenn ich an nichts mehr glaube,
weil alle Wunder verbraucht sind,
wiederfinde, die harzigen Binden
von meinem Gedächtnis löse,

Ambra und Myrrhe noch einmal
erinnere, die Betäubung, wann war das,
als wir uns trennten,
und wieder von Anfang an lerne
zu lieben, was mir
nicht gehört.

Früher

Früher liebten wir uns
über dem Abgrund, wo anderntags
der Orientexpreß von der Brücke
sprengte; die Wüsten Arabiens
durchrasten wir ohne Kompaß und
kamen doch auf den erkorenen
Gipfel, betraten die Arche,
die keine Planken mehr hatte,
und kreuzten damit übers Meer;
bei der Ankunft im Hafen
der Albatrosse steckte der Frühling
uns an, und wir phosphoreszierten
mit den Hinterleibern der Leuchtkäfer
um die Wette; eine einzige
steingemeißelte Quetzalfeder
genügte uns, abzuheben
von dieser Welt. Früher
liebten wir uns.

Blätterhände

Eine einzige Frostnacht,
zu früh für den Herbst, und
die Blätterhände der Esche
fahren wie abgesprengt
durch mein verästeltes Fenster.
In einer von ihnen, die
mir den Schreibtisch verwirrte,
find ich im Filigran ihrer Adern
eine Verwerfung, darin
eine Lebenslinie, es könnte
die deine sein.
Ich hebe sie auf.

UTE RIEDL

Überholt

Wir haben aufgeholt
mit allen Sinnen
eingeholt unser papiernes
Gestammel mit Händen
Haut und Haaren
überholt jetzt
hinken sie
hinterher die Worte
halten nicht Schritt
mit uns.

Vogel Herz

Kürzlich erst
entdeckte ich
den Vogel Herz
hoch auf dem Baum
von bunten Blättern
ganz verdeckt
und langsam fragend
scheu kam er herab
in seinem leichten
Federkleid die letzten Blätter
fortgeschüttelt und verstand
die Sprache die ich sprach
nicht ganz doch ich
bin jetzt bereit
die seine zu erlernen.

ALBERT OSTERMAIER

malen nach zahlen

jedesmal wenn ich dich
mir ausmale machst du
einen pinselstrich durch
meine rechnung mit einer un
bekannten die sich nicht
auflösen lässt in schwarz
oder weiss so oft ich sie
auch umstelle & dir nach

du tanzt vor meinen augen
nimmst schritt für schritt
die ziffern mit in meinem
kopf auf dem ich plötzlich
stehe & verstehe wie leicht
es doch geht mit den füssen
im himmel & dem herz über
der stirn ihn zu berührn

danton & das mädchen

ich lieb dich wie das grab für was sich ziern
komm wir spieln kadaverkoitiern
die nacht gehört den toten kavaliern
die selbst im kalten fleisch noch erigiern
was werd ich mich mit worten noch geniern
wenn mir die spermien schon vor dem schuss krepiern
die adern eisig in der leichenlust gefriern
mit dir den letzten menschen zu berührn
noch mal ein paar von lippen im september spürn
was werd ich mich mit worten noch geniern
lass sie uns einfach ignoriern
die zungen ineinander rührn
solang bis wir den kopf verliern
ein jeder in des anderen schoss

der bach der stürzt ist nicht ein spruchband

immer

das gedicht gibt es nicht. es
gibt immer nur dies gedicht das
dich gerade liest. aber weil
du in diesem gedicht siehe oben
sagen kannst das gedicht gibt
es nicht und es gibt immer nur
dies gedicht das dich gerade
liest kann auch das gedicht das
du nicht liest dich lesen und
es dies gedicht hier nur immer
nicht geben. beide du und du
lesen das und dies. duze beide
denn sie lesen dich auch wenn
es dich nicht nur hier gibt

Der Vier Buchstaben und das Neun Buchstaben machten zusammen eine Fünf Buchstaben. Das Sechs Buchstaben war herrlich. Es war ein herrliches Fünf Buchstaben Sechs Buchstaben. Als sie nach Zwei Fünf Buchstaben in Drei Zehn Buchstaben waren, ging ein großes Acht Buchstaben los und nahm alle Elf Buchstaben mit. Da kann Drei Buchstaben sehen, was passiert, wenn Vier Buchstaben und Neun Buchstaben zusammen Fünf Buchstaben machen. Schließlich haben Zwei Buchstaben Neun Buchstaben Drei Buchstaben niemals Sieben Komma Fünf Buchstaben oder so.

rechnung von heute

mit zehn war ich zehn
mit zwanzig rund dreißig
mit dreißig kaum zwanzig

vierzig waren vierzig aber nicht jahre
fünfzig waren sechzig minus zehn
sechzig waren fünfzig plus zehn

als meine mutter geboren wurde war mein vater neun
als meine mutter vierzig war war ich die hälfte

als ich starb war ich über sechzig
als ich über sechzig war war mein vater über dreißig

und meine mutter über drei

als ich rechnen konnte war ich unter zehn
als ich unter zehn war wurde ich geboren

Sestine Nachtigall

Buchen Finken, weichen Thales Vettern Eichen.
Eichen Buchen Vettern, finken Thales Weichen.
Weichen Eichen Thales Buchen, finken Vettern.
Vettern weichen Finken, Eichen buchen Thales.
Thales fettern Buchen weichen Eichenfinken.
Finken Thales Eichen vettern weichen Buchen –
Thales Eichen finken.

zugeschüttetes Gesicht

was wird sein wenn
ich schon bald vielleicht statt in den Büchern
zu lesen nur noch über die Buchrücken meiner Bibliothek
werde streichen können weil ich mich zurückentwickelt
  haben werde
in jenen Zustand meiner Kindheit in dem ich noch nicht
zu lesen imstande war also Analphabet war
und mir habe vorlesen lassen müssen von meiner Mutter
oder sonstwem
also eingegangen sein werde
in einen Zustand in dem ich nicht mehr
zu lesen imstande sein werde
also mir abermals werde vorlesen lassen müssen von wem
  frage ich mich
und wieder geworden sein werde Analphabet

Altaussee mit breiten Blicken

1 hakensamer Laufgeher in
vernähter Schlucht aber ich in meiner
Frühstückskammer mit den Hirngezeiten
die sich auf und ab wälzen also Erinnerung :
Liliengefühl oder Liliengeblüt oder Lilienast
ich weisz nicht am Strand von Cattolica etwa
dieses Gefühl : Gezirpe von Vermouth und Hyazinthus
dies Schlendern im Abendschein auf der Strand
                              Promenade

mit den Büschen und Rosenkugeln – ach
sogar hier im starren Gebirge dieser einstige
Duft dieses Rauschen vom Meer her und ist doch
Seegelände und manchmal 1 trüber Kahn mit
eingelegtem Ruder vielleicht in der Kielspur des kalten
Morgens und während die Strömungen variabler
Farbschichten vortäuschen die Spiegelung
einiger wolkenumsäumter Berggipfel

Mutters Hostienblatt Mutters Seehöhe /
vernichtende Selbstanklage

1 Kerbtier : Kern einer Zitrusfrucht so
kükenhaft bleich und gestaucht : geknickt, zur Seite
geknickt, auf den Linnenboden geknickt auch Linoleum
abgewinkelt während des Hinschlagens, honigträufelnd
                          ihr Mund
Mutters Horn- oder Honigbrille im Stürzen weg-
geschleudert, neben dem Ascheneimer, IM KABINETT.
Alles verrottet verschleudert verdammt, auf den Arm
                       gestützt
im Liegen, während sie liegt auf dem Bretterboden, mich
anblickt. Ich weinte nicht sie so hilflos zu sehen ich
wußte nicht was zu tun sei, und statt hinzuknien zu ihr
mich hinzukauern zu ihr um in gleicher Position –
statt mich niederzukauern, ihr Trostworte zuzuflüstern sie
zu umarmen, trat ich BEINAHE UNGERÜHRT BEINAHE
                         VERÄRGERT
zum Tisch und rief eine Freundin an : *komm rasch Mutter*
                        wieder

   gestürzt.

beim Anblick eines jungen Kindes
in der Straße

als ich plötzlich zwei Jahre war
in einer dunklen Vergangenheit
als ich schlafend ohne Bewußtsein war
als ich wenige Tage war
als ich auf dünnen Fußstelzen stakend staunend erwachend
als ich an der Hand der Mutter
als ich an den Händen von Vater und Mutter
also in ihrer Mitte
zwischen ihnen dazwischen zwischendrin
also ihr Mittelpunkt
aber ich erinnere mich nicht
als ich ein Wicht
also noch nicht alarmiert also noch eingebettet
ihr beider Mittelpunkt Stern
auf den sie ihr Auge
von dem sie empfangen konnten
ihr Glück

ERNST JANDL

kleine körperliche biografie

für peter horst neumann
zu seinem 60. geburtstag

nun habe ich in meinem mund
keine zehe mehr (keine eigene
eine fremde schon garnicht)

meine füße in meinen händen
sind vergangene gymnastik
meine hände salben vergeblich
die schmerzenden. mein halbschlitten
hindert mich am knien. doch ich beuge mich
ohne anstrengung – meine übliche
haltung. mein glied, täglich gewaschen
hat verlernt
den täglichen aufstand. rebellion
geschieht in meiner seele
um die ich kämpfe.

PETER HORST NEUMANN

An Jandl

Zu seinem Gedicht
»kleine körperliche biografie«

*Die rebellion geschieht
in meiner seele
um die ich kämpfe –*

sagst du. Ja, du
nennst es Seele.
Ich bitte dich,

gib diesen Kampf
nicht auf, sie könnte
unsterblich sein

und auferstehn
dereinst in
Fleisch und Glied.

vom guten ton

»sogns komma do a scheissn?«
»sie meinen, gibt es hier ein klo?«
»i suach an abuat –
mei hosn is ma zguat.«

literatur und tod

d literatur, des wisz jo
is a gaunz a diaffs grob
wo kaana drin waas
ob a jemoes a r aufaschdehung hod

zu nutz und frommen

jo brauch ma dn de germanistn?
jo de brauch ma, du suamm.
waun de ned umgromm und umgromm
                und umgromm duan
daun is füü, wos ma gschriamm hom, fiar olle
                zeit gschduamm

amoe wird aus mir wos aussespringen
wos in mia niemoes dringwen is
und wiad auffefoan in himmö
und i wia davon nix wissn

einmal wird aus mir etwas herausspringen
das in mir niemals dringewesen ist
und wird hinauffahren in den himmel
und ich werde davon nichts wissen

THOMAS KLING

gewebeprobe

der bach der stürzt
ist nicht ein spruchband
textband weißn rau-
schnnz;
      schrift schon;
der sichtliche bach di
textader, einstweilen
ein nicht drossel-, nicht
abstellbares textadersystem,
in rufweite, in auflösender
naheinstellun'.
          bruchstücke,
ständig überspült, über-
löschte blöcke, weiße schrift-
blöcke und glitschige, teils,
begreifbare anordnungn ein un-
unterbrochn ununterbrochenes.
am bergstrich krakelige unruhe
und felsskalpell. schäumendes
ausschabn.
          bezifferbarer bach,
der bach der stürzt: guß
megagerinnsel, hirnstrom.

Manhattan Mundraum

I

die stadt ist der mund
raum. die zunge, textus;
stadtzunge der granit:
geschmolzener und
wieder aufgeschmo-
lzner text. beiseite-
gesprochen, abgedun-
kelt von der hand: die
ruinen, nicht hier, die
zähnung zählung der
stadt!, zu bergn, zu ver-
bergn! die gezähltn, die
mit den weißn gebissn,
die aus den blickn ent-
ferntn: die gesperrtn.
maulsperre, mundhöhle
die stadt.

[…]

stromernde alpmschrift

I

                    di alpm?
also, grooßformate drramatischster vrr-
kettungen; so dämmrunx-lilienstrahl in
riefenstahlscher lichtregie. christiani-
sierte gipfel, meinethalbn, freie fälle;
firnriß. »erstesahne-wand«, schwefelhut-,

also schwarzgelbtragend, erwartet sie,
gefirnißte jungfrau,   ja was? ein ticket
nach? freikletterers morgngruß der ein-
checkt ebn ins hotel? der alpmmaler stri-
chelt das. und firn-

2

riß. restartn, stromernd. stromernder
rest- und alpngartn; lautlose, wenn keiner
stolpert, draufsicht; angeworfne vorstrom-
ernde nebelmaschine, lautlosigkeitn im o-
ton. hier sagt man: winddurchstromertes
andachzbilt und, siehe obn, erstesahne-
want (»trag du dich schon mal ein«), a-
rnikalitanei (»arnikalitanei?«), gamsjäger-
am-laptop.

[...]

BERT PAPENFUSS(-GOREK)

die lichtscheuen scheiche
versunkener reiche

wilhelm, walter, erich, egon
& wie sie nicht noch alle hießen
die abgehalfterten ellerkongen
beispielloser sozialer großexperimente
blockwarte, oberaufseher & generalsekretäre
die über uns wachten in unserer ohnmacht

getrübt von abschottungsmaßnahmen
im vorfelde ökonomischer zerklüftung
erfreute sich viel volks der lebenslust
& insonderer sinnenfreude, inneren querelen
sowohl als auch der grausamkeit verschiedener
nunmehr versiegter übergeschnappter
ist es, wenn man so will, zu danken
daß ihr übertriebener gesellschaftsentwurf
versangundklangloste; despotenpech
jetzt herrschen sie, wie ich wiederholt
von vorläufern & wiedergängern gehört
im abgrunde unter den hohnlochländern
& ihre alter egos, diese scheuchen
verantwortung-rücksicht-partnerschaft-
freiheit-wohlstand-sicherheit-gemäß
unverdrossen stockenbalkenbiegungsmäßig
über ihre ehemaligen wirtschaftsgebiete
im subkultmund: untertanentraufen
die noch schnell aufblühen, bevor sie
unentschieden flattern die fittiche
der unentschlossenheit, verglühen
: menschenschicksal, ihr unternietzschen

prenzlauer berg take away

dem ehrenwerten Knorkator zugeeignet

wo leckt biolek das fett weg
im *torpedokäfer* lecken die schläfer
lokalkolorit; ich komm gleich mit
uwe kolbe doesn't live here anymore
aber man nie wissen, von wessen
tellern werden denn noch kulupen gegessen

auch was so nebenher entsteht, besteht
einstweilen bevor's vergeht; der schwipps
dumpft ab: dünnes eis – ein paradeis
für den, der hoch zu stapeln weiß

    ich bin ein schöner zwerg
    auch ich bin prenzlauer berg
    ich bin der charlottenzwerg
    auch ich bin prenzlauer berg
    & ich bin der gekreuzigte zwerg
    auch ich bin prenzlauer berg

    prenzlauer berg comes running around
    once again with a ball on a chain ...

uns obwaltet erlebnisgastronomität
das vergnügen muß sich selbst genügen
»irgendwas mit kunst« geht hier nicht mehr
das prenzlauer boot ist ein zaungastschiff
& jede versiffte eckkneipe ein klassenriff
»hätten wir« »man müßte«, wären wir pappesatt
prenzlauer berg gibt's doch garnich'
der kreml ist dort, wo er steht; wenn's klingelt
knallt's: dünnes eis – ein paradeis
für den, der hoch zu stapeln weiß

    ich bin ein scheuer rehzwerg
    ich bin ein frecher dachszwerg
    auch ich bin prenzlauer berg
    ich bin ein grüner waldzwerg
    auch ich bin prenzlauer berg
    & ich bin der geschändete frontzwerg
    auch ich bin, verdammtnochmal, prenzlauer berg

    prenzlauer berg comes running around
    once again with a testicle instead of a brain ...

Anhang

Verzeichnis der Autoren,
Gedichte und Druckvorlagen

JÜRGEN BECKER

Geb. 1932 in Köln. Kindheit und Jugend in Erfurt. Verlags-
tätigkeit, Rundfunkredakteur. Lebt in Köln und Odenthal.

J. B.: Journal der Wiederholungen. Gedichte. Frankfurt a. M.: Suhr-
kamp, 1999. (1) S. 10 f. (3) S. 33. – © 1999 Suhrkamp Verlag, Frank-
furt am Main.
J. B.: Foxtrott im Erfurter Stadion. Gedichte. Frankfurt a. M.: Suhr-
kamp, 1993. (2) S. 73. – © 1973 Suhrkamp Verlag, Frankfurt am
Main.

MARCEL BEYER

Geb. 1965 in Tailfingen. Studium in Köln. Lebt als Überset-
zer, Musikjournalist und Romancier (*Flughunde*, 1995) in
Dresden.

M. B.: Falsches Futter. Gedichte. Frankfurt a. M.: Suhrkamp, 1997.
(1) S. 27. (2) S. 36. – © 1997 Suhrkamp Verlag, Frankfurt am Main.

WOLF BIERMANN

Geb. 1936 in Hamburg. Vater 1943 im KZ Auschwitz ermordet. 1953 Übersiedelung in die DDR. Ökonomie-, Mathematik- und Philosophiestudium in Berlin. Mitarbeit am Berliner Ensemble. Ab 1960 eigene Kompositionen, Gedichte. Ende 1976, nach Konzertreise durch die BRD, Rückkehr in die DDR verwehrt. Die darauf erfolgte ›Biermann-Petition‹ zu seinen Gunsten, unterzeichnet von einem Teil der DDR-Intellektuellen, führte nicht nur zu einer Staatskrise (Verhärtung der Kulturpolitik, Exodus von Autoren), sondern erwies auch die Krise der in sich gespaltenen DDR-Intelligenz. Georg-Büchner-Preis 1991. Lebt in Hamburg.

W. B.: Alle Gedichte. Köln: Kiepenheuer & Witsch, 1995. (1) S. 154 f. (2) S. 156 f. – © 1995 by Verlag Kiepenheuer & Witsch, Köln.

ELISABETH BORCHERS

Geb. 1926 in Homberg (bei Duisburg). Im Elsaß aufgewachsen. Reisen in Frankreich und USA. Hochschule für Gestaltung in Ulm. Verlagslektorin. Lebt in Frankfurt a. M.

E. B.: Von der Grammatik des heutigen Tages. Gedichte. Frankfurt a. M.: Suhrkamp, 1992. (1) S. 9. (2) S. 22. (3) S. 52. (5) S. 50. – © 1992 Suhrkamp Verlag, Frankfurt am Main.
E. B.: Was ist die Antwort. Gedichte. Frankfurt a. M.: Suhrkamp, 1998. (4) S. 52. – © 1998 Suhrkamp Verlag, Frankfurt am Main.

VOLKER BRAUN

Geb. 1939 bei Dresden. Maschinist. Studium der Philosophie in Leipzig. Dramaturg am Berliner Ensemble und am Deutschen Theater Berlin. Reisen nach China, Japan, USA, Europa. Lebt als freier Schriftsteller in Berlin.

V. B.: Lustgarten. Preußen. Ausgewählte Gedichte. Frankfurt a. M.: Suhrkamp, 1996. (1) S. 142. (2) S. 148. – © 1996 Suhrkamp Verlag, Frankfurt am Main.
V. B.: Tumulus. Frankfurt a. M.: Suhrkamp, 1999. (3) S. 28. – © 1999 Suhrkamp Verlag, Frankfurt am Main.

HEINZ CZECHOWSKI

Geb. 1935 in Dresden. Technischer Zeichner. Autorenstudium am Institut für Literatur »Johannes R. Becher« in Leipzig. Lebt in Schöppingen (Westfalen).

H. C.: Wüste Mark Kolmen. Gedichte. Zürich: Ammann, 1997. (1) S. 30. (2) S. 24. – © 1997 Ammann Verlag & Co., Zürich.

HILDE DOMIN

Geb. 1909 in Köln. Tochter eines jüdischen Rechtsanwalts. Studium der Nationalökonomie, Soziologie und Philosophie bei Jaspers und Mannheim in Heidelberg sowie in Berlin und (nach der Emigration 1932) in Rom und Florenz. Dort Promotion. 1939 Flucht nach England, dann, 1940, mit ihrem Mann, dem Archäologen Palm, in die Dominikanische Republik. Dozentin für Deutsch an der Universität Santo Domingo. Übersetzerin (Italienisch, Englisch, Französisch, Spanisch). 1954 Rückkehr nach Deutschland und Arbeitsaufenthalte in Spanien, dort auch Lyrikpublikationen. 1959 erster Lyrikband (*Nur eine Rose als Stütze*) unter dem Pseudonym Domin (als Dank an den amerikanischen Fluchtort). Poetikvorlesungen an der Frankfurter Universität (»Das Gedicht als Augenblick von Freiheit«). Honorarprofessur des Landes Baden-Württemberg. Zahlreiche Preise. Lebt seit 1961 in Heidelberg.

H. D.: Der Baum blüht trotzdem. Gedichte. Frankfurt a. M.: S. Fischer, ²1999. (1) S. 12 f. (2) S. 27. (3) S. 40. (4) S. 39. (5) S. 59. – © 1999 S. Fischer Verlag GmbH, Frankfurt am Main.

ULRIKE DRAESNER

Geb. 1962 in München. Jura- und Philologiestudium in München und Oxford. Promotion über Wolframs *Parzifal*. Lehrtätigkeit an der Universität München. Lebt in München.

U. D.: gedächtnisschleifen. Gedichte. Frankfurt a. M.: Suhrkamp, 1995. S. 103. – © 1995 Suhrkamp Verlag, Frankfurt am Main.

KURT DRAWERT

Geb. in Hennigsdorf (Brandenburg). Kindheit bei Berlin. Autorenstudium am Institut für Literatur »Johannes R. Becher« in Leipzig. Lebt seit 1993 in der Nähe von Bremen.

K. D.: Wo es war. Gedichte. Frankfurt a. M.: Suhrkamp, 1996. (1) S. 83–85. (2) S. 10. – © 1996 Suhrkamp Verlag, Frankfurt am Main.

HANS MAGNUS ENZENSBERGER

Geb. 1929 in Kaufbeuren. Aufgewachsen in Nürnberg. Oberschule in Gunzenhausen und Oettingen. 1945 Volkssturm. Germanistikstudium in Erlangen, Freiburg i. Br., Hamburg, Paris. Promotion in Erlangen über Clemens Brentano. Mitglied der Gruppe 47. Rundfunkredakteur unter Alfred Andersch, Verlagslektor, Gastprofessor an der Universität Frankfurt a. M. Herausgeber der Zeitschriften *Kursbuch*, *TransAtlantik* und der Buchreihe »Die Andere Bibliothek«. Auslandsaufenthalte in USA (vor allem New York), Mexiko, Norwegen, Italien, Kuba. Georg-Büchner-Preis 1963. Lebt in München.

H. M. E.: Kiosk. Neue Gedichte. Frankfurt a. M.: Suhrkamp, 1995.
(1) S. 23 f. (2) S. 52 f. (3) S. 108 f. – © 1995 Suhrkamp Verlag, Frankfurt am Main.

WALTER HELMUT FRITZ

Geb. 1929 in Karlsruhe. Literatur- und Philosophiestudium
in Heidelberg. Bis 1964 Gymnasiallehrer. Universitäts-
dozent. Lebt als freier Schriftsteller in Karlsruhe.

W. H. F.: Gesammelte Gedichte 1979–1994. Hamburg: Hoffmann
und Campe, 1994. (1) S. 235. (3) S. 237. – © 1994 Hoffmann und
Campe Verlag, Hamburg.
W. H. F.: Das offene Fenster. Prosagedichte. Hamburg: Hoffmann
und Campe, 1997. (2) S. 21. – © 1997 Hoffmann und Campe Verlag,
Hamburg.

ROBERT GERNHARDT

Geb. 1937 in Reval (Estland). Kunststudium in Stuttgart
und Berlin. (Gegenständliche) Malerei. Redakteur der sati-
rischen Zeitschrift *pardon*, Mitbegründer des Satiremaga-
zins *Titanic*. Künstlerroman *Ich, Ich, Ich* (1982). Erzählun-
gen. Lebt in Frankfurt a. M.

R. G.: Weiche Ziele. Gedichte 1984–1994. Zürich: Haffmans, 1994. (1) S. 164. – © 1994 Haffmans Verlag AG, Zürich.
R. G.: Gedichte und Lichte Gedichte. Gesammelte Gedichte 1954–1997. Verm. Neuausg. Zürich: Haffmans, 1999. (2) S. 513 f. – © 1999 by Haffmans Verlag AG, Zürich.

DURS GRÜNBEIN

Geb. 1962 in Hellerau bei Dresden. Studium der Theatergeschichte in Ostberlin, abgebrochen wegen geplanter Ausreise aus der DDR. Mitarbeit bei Publikationen des Galrev-Verlags. Reisen nach Amsterdam, Paris, London, Toronto, New York, Wien. Georg-Büchner-Preis 1995. Lebt in Berlin.

D. G.: Falten und Fallen. Gedichte. Frankfurt a. M.: Suhrkamp, ²1994. (1) S. 75 f. (3) S. 71. (4) S. 97. – © 1994 Suhrkamp Verlag, Frankfurt am Main.
D. G.: Schädelbasislektion. Gedichte. Frankfurt a. M.: Suhrkamp, ⁴1995. (2) S. 133. – © 1991, 1995 Suhrkamp Verlag, Frankfurt am Main.
D. G.: Den Teuren Toten. 33 Epitaphe. Frankfurt a. M.: Suhrkamp, 1994. (5) S. 29. – © 1994 Suhrkamp Verlag, Frankfurt am Main.
D. G.: Nach den Satiren. Frankfurt a. M.: Suhrkamp, 1999. (6) S. 148. – © 1999 Suhrkamp Verlag, Frankfurt am Main.

PETER HÄRTLING

Geb. 1933 in Chemnitz. 1946 Flucht und Tod der Eltern. Zeitungsredakteur. Bis 1973 Verlagsleiter. Lebt in Mörfelden-Walldorf (Hessen).

P. H.: Das Land, das ich erdachte. Gedichte 1990–1993. Stuttgart: Radius-Verlag, 1993. (1) S. 7. – © 1993 by Radius- Verlag, Stuttgart. P. H.: Horizonttheater. Neue Gedichte. Köln: Kiepenheuer & Witsch, 1997. (2) S. 44. – © 1997 by Verlag Kiepenheuer & Witsch, Köln.

ULLA HAHN

Geb. 1946 in Brachthausen (Sauerland). Literaturstudium in Köln und Bremen. Lehraufträge an den Universitäten Hamburg, Bremen, Oldenburg. Rundfunkredakteurin bis 1989. Aufenthalt in Rom. Lebt in Hamburg.

U. H.: Epikurs Garten. Stuttgart: Deutsche Verlags-Anstalt, 1995. (1) S. 85. – © 1995 Deutsche Verlags-Anstalt GmbH, Stuttgart. U. H.: Liebesgedichte. Stuttgart: Deutsche Verlags-Anstalt, 1993. (2) S. 109. – © 1993 Deutsche Verlags-Anstalt GmbH, Stuttgart. U. H.: Galileo und zwei Frauen. Gedichte. Stuttgart: Deutsche Verlags-Anstalt, 1997. (3) S. 70. – © 1997 Deutsche Verlags-Anstalt GmbH, Stuttgart.

LIOBA HAPPEL

Geb. 1957 in Aschaffenburg. Lebt in Berlin.

L. H.: Der Schlaf überm Eis. Gedichte. Frankfurt a. M.: Schöffling & Co., 1995. (1) S. 67. – © Schöffling & Co. Verlagsbuchhandlung GmbH, Frankfurt am Main.
L. H.: Grüne Nachmittage. Frankfurt a. M.: Suhrkamp, 1989. (2) S. 39. – © 1989 Suhrkamp Verlag, Frankfurt am Main.

HARALD HARTUNG

Geb. 1932 in Herne (Westfalen). Professor für Germanistik an der TU Berlin. Lebt in Berlin.

H. H.: Jahre mit Windrad. Gedichte. Göttingen: Steidl, 1996. (1) S. 21. (2) S. 32. – © 1996 Steidl Verlag, Göttingen.

ROLF HAUFS

Geb. 1935 in Düsseldorf. Exportkaufmann. Seit 1972 Rundfunkredakteur, Leiter der Literaturabteilung beim Sender Freies Berlin. Lebt in Berlin.

R. H.: Vorabend. Gedichte. München/Wien: Hanser, 1994. (1) S. 25.
– © 1994 Carl Hanser Verlag GmbH & Co., München und Wien.
R. H.: Augustfeuer. Gedichte. München/Wien: Hanser, 1996. (2)
S. 35. – © 1996 Carl Hanser Verlag GmbH & Co., München und
Wien.

HANS-JÜRGEN HEISE

Geb. 1930 in Bublitz (Pommern). 1950 Flucht nach West-
berlin. Archivlektor. Reisen in Mittelmeerländer, nach
Afrika und Lateinamerika. 1988/89 Poetikdozent an der
Universität Mainz. Lebt in Kiel.

H.-J. H.: Die Sprache des Windes. Ein Leben in lyrischen Abläufen.
Gesammelte Gedichte in 2 Bänden. 1948–1997. Bd. 2. Weilerswist:
Verlag Landpresse, 1998. (1) S. 160. (2) S. 159. (3) S. 171. – Copy-
right © by Hans-Jürgen Heise.

KERSTIN HENSEL

Geb. 1961 in Chemnitz. Autorenstudium am Institut für
Literatur »Johannes R. Becher« in Leipzig. Dramaturgische
Arbeit am Leipziger Kinder- und Jugendtheater. Lebt jetzt
freiberuflich in Berlin.

K. H.: Schlaraffenzucht. Gedichte. Frankfurt a. M.: Luchterhand,
1990. (1) S. 7. (2) S. 11. – Mit Genehmigung von Kerstin Hensel,
Berlin.

GÜNTER HERBURGER

Geb. 1932 in Isny (Allgäu). Indologie- und Philosophiestudium. Reisen durch Südeuropa und Nordafrika. Lebt in München.

G. H.: Im Gebirge. Gedichte. München: Luchterhand, 1998. (1)
S. 30. – © 1998 Luchterhand Literaturverlag GmbH, München.
G. H.: Das brennende Haus. Gedichte. Frankfurt a. M.: Luchterhand, 1990. (2) S. 39. – © 1990 Luchterhand Literaturverlag GmbH, München.

ERNST JANDL

Geb. 1925 in Wien. Studium der Germanistik und Anglistik. Promotion über Schnitzler. Gymnasiallehrer. Gastprofessuren in Austin (Texas), Frankfurt a. M. Seit 1954 Freundschaft und Zusammenarbeit mit Friederike Mayröcker. Mitglied des Forums Stadtpark, Graz. Georg-Büchner-Preis 1984. Lebt in Wien.

E. J.: peter und die kuh. gedichte. München: Luchterhand, 1996. (1)
S. 9. (5) S. 56. – © 1996 Luchterhand Literaturverlag GmbH, München.
E. J.: stanzen. Hamburg/Zürich: Luchterhand, 1992. (2–4) S. 129 f. – © 1992 Luchterhand Literaturverlag GmbH, München.

SARAH KIRSCH

Geb. 1935 in Limlingerode (Harz) als Ingrid Bernstein. Biologiestudium. Autorenstudium am Institut für Literatur »Johannes R. Becher« in Leipzig. 1977 Übersiedlung in die Bundesrepublik Deutschland. Georg-Büchner-Preis 1996. Lebt in Tielenhemme (Schleswig-Holstein).

S. K.: Bodenlos. Gedichte. Stuttgart: Deutsche Verlags-Anstalt, 1996. (1) S. 22. (2) S. 41. (3) S. 39. – © 1996 Deutsche Verlags-Anstalt GmbH, Stuttgart.
S. K.: Erlkönigs Tochter. Gedichte. Stuttgart: Deutsche Verlags-Anstalt, 1992. (4) S. 45. – © 1992 Deutsche Verlags-Anstalt GmbH, Stuttgart.

WULF KIRSTEN

Geb. 1934 in Klipphausen bei Meißen. Kaufmännische Lehre. Buchhalter. Philologiestudium an der Arbeiter- und Bauernfakultät in Leipzig. Lektor im Aufbau-Verlag. Seit 1990 Sekretär der deutschen Schillerstiftung Weimar. Lebt in Weimar.

W. K.: Stimmenschotter. Gedichte 1987–1992. Zürich: Ammann, 1993. (1) S. 9 f. (2) S. 43 f. – © 1993 Ammann Verlag & Co., Zürich.

KARIN KIWUS

Geb. 1942 in Berlin. Studium der Publizistik, Germanistik, Politologie an der FU Berlin. Verlagslektorin. Gastdozentin in Austin (Texas) und an der FU Berlin. Wissenschaftliche Mitarbeiterin an der Akademie der Künste. Lebt in Berlin.

K. K.: Das chinesische Examen. Gedichte. Frankfurt a. M.: Suhrkamp, 1992. (1) S. 16. (2) S. 28. – © 1992 Suhrkamp Verlag, Frankfurt am Main.

THOMAS KLING

Geb. 1957 in Bingen. Lebt in Köln und Hombroich.

Th. K.: morsch. Gedichte. Frankfurt a. M.: Suhrkamp, 1996. (1) S. 15. (2) S. 7. – © 1996 Suhrkamp Verlag, Frankfurt am Main.
Th. K.: nacht. sicht. gerät. Gedichte. Frankfurt a. M.: Suhrkamp, 1993. (3) S. 71 f. – © 1993 Suhrkamp Verlag, Frankfurt am Main.

BARBARA KÖHLER

Geb. 1959. Studium am Institut für Literatur »Johannes R. Becher« in Leipzig. Lebt in Duisburg.

B. K.: Blue Box. Gedichte. Frankfurt a. M.: Suhrkamp, 1995. (1) S. 55. (2) S. 20 f. – © 1995 Suhrkamp Verlag, Frankfurt am Main.

UWE KOLBE

Geb. 1957 in Berlin (Ost). Autorenstudium am Institut für Literatur »Johannes R. Becher« in Leipzig. Publikationsverbot. Reisen nach Westeuropa und USA. Lebt in Berlin.

U. K.: Nicht wirklich platonisch. Gedichte. Frankfurt a. M.: Suhrkamp, 1994. (1) S. 19. – © 1994 Suhrkamp Verlag, Frankfurt am Main.
U. K.: Vineta. Gedichte. Frankfurt a. M.: Suhrkamp, 1998. (2) S. 15. (3) S. 18. – © 1998 Suhrkamp Verlag, Frankfurt am Main.

URSULA KRECHEL

Geb. 1947 in Trier. Nach dem Studium Theaterdramaturgin. Dozenturen an den Universitäten Gießen, Essen, Warwick (England), St. Louis (USA). Lebt in Frankfurt a. M.

U. K.: Technik des Erwachens. Gedichte. Frankfurt a. M.: Suhrkamp, 1992. (1) S. 17. – © 1992 Suhrkamp Verlag, Frankfurt am Main.
U. K.: Landläufiges Wunder. Gedichte. Frankfurt a. M.: Suhrkamp, 1995. (2) S. 47. – © 1995 Suhrkamp Verlag, Frankfurt am Main.

KARL KROLOW

Geb. 1915 in Hannover, gest. 1999 in Darmstadt. Literatur-
und Philosophiestudium in Göttingen und Breslau. 1956
Georg-Büchner-Preis. 1972 Präsident der Akademie für
Sprache und Dichtung. Gastdozent für Poetik in Frank-
furt a. M. und München. Lebte seit 1956 in Darmstadt.

K. K.: Die zweite Zeit. Gedichte. Frankfurt a. M.: Suhrkamp, 1995.
(1) S. 31. (2) S. 76. – © 1995 Suhrkamp Verlag, Frankfurt am Main.
K. K.: Ich höre mich sagen. Gedichte. Frankfurt a. M.: Suhrkamp,
1992. (2) S. 67. – © 1992 Suhrkamp Verlag, Frankfurt am Main.

MICHAEL KRÜGER

Geb. 1943 in Wittgendorf (Sachsen). Lehre als Verlagsbuch-
händler in Berlin. Herausgeber der Zeitschrift *Akzente*. Zei-
tungsarbeit, Geschäftsführender Gesellschafter des Hanser
Verlags. Lebt in München.

M. K.: Brief nach Hause. Gedichte. Salzburg/Wien: Residenz Ver-
lag, 1993. (1) S. 9. – © 1993 Residenz Verlag, Salzburg und Wien.
M. K.: Wettervorhersage. Gedichte. Salzburg/Wien: Residenz Ver-
lag, 1998. (2) S. 34. – © 1998 Residenz Verlag, Salzburg und Wien.
M. K.: Nachts, unter Bäumen. Gedichte. Salzburg/Wien: Residenz
Verlag, 1996. (3) S. 80. – © 1996 Residenz Verlag, Salzburg und
Wien.

GÜNTER KUNERT

Geb. 1929 in Berlin. Graphikstudium. SED-Mitglied. Bekanntschaft mit Brecht. Gastprofessor in Austin (Texas) und Warwick (England). Mitunterzeichner der »Biermann-Petition«. 1979 Übersiedlung in die Bundesrepublik. Lebt in Kaisborstel bei Itzehoe.

G. K.: Nacht Vorstellung. München/Wien: Hanser, 1999. (1) S. 31.
(5) S. 23. – © 1999 Carl Hanser Verlag GmbH & Co., München und Wien.
G. K.: Mein Golem. Gedichte. München/Wien: Hanser, 1996. (2) S. 57. (4) S. 14. – © 1996 Carl Hanser Verlag GmbH & Co., München und Wien.
G. K. / Glyn Uzzell: Mondlichtlandschaft. Gedichte und Bilder. Göttingen: Edition Lutz Arnold im Steidl Verlag, 1991. (3) S. 59. – © 1991 Carl Hanser Verlag GmbH & Co., München und Wien.

REINER KUNZE

Geb. 1933 in Oelsnitz (Erzgebirge). Wissenschaftlicher Assistent für Journalistik an der Universität Leipzig. Entlassung. Hilfsschlosser. Publikationsverbot. 1977 Übersiedlung in die Bundesrepublik. Poetikdozenturen in München und Würzburg. 1977 Georg-Büchner-Preis. Lebt in Obernzell-Erlau bei Passau.

R. K.: ein tag auf dieser erde. gedichte. Frankfurt a. M.: S. Fischer, 1998. (1) S. 20. (2) S. 29. – © 1998 S. Fischer Verlag GmbH, Frankfurt am Main.

GREGOR LASCHEN

Geb. 1941 in Paris. Seit 1972 Dozent für Neuere deutsche Literaturwissenschaft an der Universität Utrecht.

G. L.: Jammerbugt-Notate. Heidelberg: Wunderhorn, 1995. S. 47 f. – © 1995 Verlag das Wunderhorn, Heidelberg.

RAINER MALKOWSKI

Geb. 1939 in Berlin. Bis 1972 Teilhaber einer Werbeagentur. Lebt in Brannenburg (Bayern).

R. M.: Das Meer steht auf. Gedichte. Frankfurt a. M.: Suhrkamp, 1989. (1) S. 17. – © 1989 Suhrkamp Verlag, Frankfurt am Main.
R. M.: Hunger und Durst. Gedichte. Frankfurt a. M.: Suhrkamp, 1997. (2) S. 15. (3) S. 47. – © 1997 Suhrkamp Verlag, Frankfurt am Main.
R. M.: Ein Tag für Impressionisten und andere Gedichte. Frankfurt a. M.: Suhrkamp, 1994. (4) S. 23. – © 1994 Suhrkamp Verlag, Frankfurt am Main.

FRIEDERIKE MAYRÖCKER

Geb. 1924 in Wien. Bis 1969 Lehrerin. Langjährige Freundschaft und Zusammenarbeit mit Ernst Jandl. Mitglied des Forums Stadtpark, Graz. Lebt in Wien.

F. M.: Notizen auf einem Kamel. Gedichte 1991–1996. Frankfurt a. M.: Suhrkamp, 1996. (1) S. 18. (3) S. 56. – © 1996 Suhrkamp Verlag, Frankfurt am Main.
Jahrbuch der Lyrik 98/99. Ausreichend lichte Erklärung. Hrsg. von Christoph Buchwald und Marcel Beyer. München: C. H. Beck, 1998. (2) S. 73. – Copyright © by Friederike Mayröcker.
F. M.: Das besessene Alter. Gedichte 1986–1991. Frankfurt a. M.: Suhrkamp, 1992. (4) S. 55. – © 1992 Suhrkamp Verlag, Frankfurt am Main.

PETER HORST NEUMANN

Geb. 1936 in Neisse (Oberschlesien). Lehrt Neuere deutsche Literaturgeschichte an der Universität Erlangen. Lebt in Nürnberg.

P. H. N.: Pfingsten in Babylon. Gedichte. Salzburg/Wien: Residenz Verlag, 1996. (1) S. 25. (2) S. 41. (3) S. 9. – © 1996 Residenz Verlag, Salzburg und Wien.
manuskripte. Zeitschrift für Literatur 37 (1997) H. 136. (4) S. 91. – Mit Genehmigung von Peter Horst Neumann, Nürnberg. – Vgl. auch P. H. N.: Die Erfindung der Schere. Gedichte. Bargfeld 1999. S. 55.

DAGMAR NICK

Geb. 1926 in Breslau. 1945 nach München. Studium der Graphologie und Psychologie. Vier Jahre in Israel. Lebt in München.

D. N.: Gewendete Masken. Gedichte. Aachen: Rimbaud Verlag, 1996. (1) S. 40. (2) S. 29. (3) S. 16. – © 1996 Rimbaud Verlagsgesellschaft mbH, Aachen.

HELGA M. NOVAK

Geb. 1935 in Berlin. Journalistik- und Philosophiestudium in Leipzig. Laborantin, Buchhändlerin. 1961–65 in Island. Reisen in Südeuropa und Amerika. Autorenstudium am Institut für Literatur »Johannes R. Becher« in Leipzig. 1966 Ausbürgerung aus der DDR. Lebt in Legbad bei Gdansk (Polen).

H. M. N.: Silvatica. Gedichte. Frankfurt a. M.: Schöffling & Co., 1997. S. 57. – © 1997 Schöffling & Co. Verlagsbuchhandlung GmbH, Frankfurt am Main.

BRIGITTE OLESCHINSKI

Geb. 1955 in Köln. Studium der Politologie an der FU Berlin. Zeithistorikerin in der Berliner Gedenkstätte Deutscher Widerstand. Lebt in Berlin.

B. O.: Mental Heat Control. Gedichte. Reinbek: Rowohlt, 1990. (1) S. 55. (2) S. 61. (4) S. 41. (5) S. 24. – © 1990 Rowohlt Verlag GmbH, Reinbek.
B. O.: Your Passport is Not Guilty. Gedichte. Reinbek: Rowohlt, 1997. (3) S. 17. – © 1997 Rowohlt Verlag GmbH, Reinbek.

ALBERT OSTERMEIER

Geb. 1967 in München. Theaterarbeit in Mannheim. Lebt in München.

A. O.: Herz Vers Sagen. Gedichte. Frankfurt a. M.: Suhrkamp, 1995. (1) S. 19. (2) S. 29. – © 1995 Suhrkamp Verlag, Frankfurt am Main.

BERT PAPENFUSS(-GOREK)

Geb. 1956 in Stavenhagen (Mecklenburg). Elektrofacharbeiter, Heizer. Seit 1980 freiberuflich. Lebt in Berlin.

B. P.-G.: LED SAUDAUS. notdichtung karrendichtung. Berlin: Gerhard Wolf Janus press, 1991. (1) S. 103. – © 1991 Gerhard Wolf Janus press GmbH, Berlin.
B. P.: hetze. gedichte 1994 bis 1998. Berlin: Gerhard Wolf Janus press, 1998. (2) S. 60 f. – © 1998 Gerhard Wolf Janus press GmbH, Berlin.

OSKAR PASTIOR

Geb. 1927 in Sibiu (Hermannstadt, Rumänien). 1945–49 Deportation in die Sowjetunion. Bautechniker. Germanistikstudium in Bukarest. Rundfunkredakteur. Spätaussiedler in die Bundesrepublik. Lebt in Berlin.

O. P.: Das Hören des Genitivs. Gedichte. München/Wien: Hanser, 1997. (1) S. 16. (2) S. 61. (3) S. 46. – © 1997 Carl Hanser Verlag GmbH & Co., München und Wien.
Lyrik. Über Lyrik. Hrsg. von Karl Heinz Bohrer und Kurt Scheel. Stuttgart 1999. (Merkur. Sonderh. 600. Doppelh. 3/4.) (4) S. 203. – Mit Genehmigung von Oskar Pastior, Berlin.

DIRK VON PETERSDORFF

Geb. 1966 in Kiel. Studium der Germanistik und Geschichte. Lehrt Germanistik an der Universität Saarbrücken. Lebt in Saarbrücken.

D. v. P.: Wie es weitergeht. Gedichte. Frankfurt a. M.: S. Fischer, ²1998. (1) S. 29 f. – © 1992, 1998 S. Fischer Verlag GmbH, Frankfurt am Main.
D. v. P.: Zeitlösung. Gedichte. Frankfurt a. M.: S. Fischer, 1995. (2) S. 79. – © 1995 S. Fischer Verlag GmbH, Frankfurt am Main.
D. v. P.: Bekenntnisse und Postkarten. Gedichte. Frankfurt a. M.: S. Fischer, 1999. (3) S. 31. – © 1999 S. Fischer Verlag GmbH, Frankfurt am Main.

LUTZ RATHENOW

Geb. 1952 in Jena. Studium der Germanistik in Jena. Exmatrikulation. Transportarbeiter. ›Westpublikation‹, Verhaftung durch den Staatssicherheitsdienst der DDR. Lebt in Berlin.

Von einem Land und vom andern. Gedichte zur deutschen Wende 1989/1990. Mit einem Essay hrsg. von Karl Otto Conrady. Frankfurt a. M.: Suhrkamp, 1993. (edition suhrkamp. 1829.) (1) S. 29. – Mit Genehmigung von Lutz Rathenow, Berlin.
L. R.: Jahrhundert der Blicke. Neue Gedichte. Weilerswist: Verlag Landpresse, ²1998. (2) S. 7. – Mit Genehmigung von Lutz Rathenow, Berlin.

UTE RIEDL

Geb. 1953 in Köln. Philologiestudium. Gymnasiallehrerin. Wissenschaftliche Mitarbeiterin an der Universität Erlangen-Nürnberg. Lebt bei Nürnberg.

U. R.: Verbotenes. Gedichte. Aachen: Karin Fischer, 1994. (1) S. 12. (2) S. 69. – © 1994 Karin Fischer Verlag GmbH, Aachen.

THOMAS ROSENLÖCHER

Geb. 1947 in Dresden. Studium der Betriebswissenschaft, dann am Leipziger Literaturinstitut »Johannes R. Becher«. Mitarbeiter am Kinder- und Jugendtheater. Lebt in Dresden.

Th. R.: Die Dresdner Kunstausübung. Gedichte. Frankfurt a. M.: Suhrkamp, 1996. (1) S. 15. (2) S. 54. – © 1996 Suhrkamp Verlag, Frankfurt am Main.

PETER RÜHMKORF

Geb. 1929 in Dortmund. Studium der Pädagogik, Germanistik und Psychologie in Hamburg, abgebrochen. Verlagslektor. Ab 1964 freier Schriftsteller. Gastdozenturen in den USA, Großbritannien, Deutschland. Georg-Büchner-Preis 1993. Lebt in Hamburg.

P. R.: Wenn – aber dann. Vorletzte Gedichte. Reinbek: Rowohlt, 1999. (1) S. 60. (2) S. 71. (3) S. 74. – © 1999 Rowohlt Verlag GmbH, Reinbek.

DORIS RUNGE

Geb. 1943 in Mecklenburg. Lebt als freie Schriftstellerin in Cismar (Ostholstein).

D. R.: grund genug. Gedichte. Stuttgart: Deutsche Verlags-Anstalt, 1995. (1) S. 12. (3) S. 62. – © 1995 Deutsche Verlags-Anstalt GmbH, Stuttgart.
D. R.: wintergrün. Gedichte. Stuttgart: Deutsche Verlags-Anstalt, 1991. (2) S. 39. – © 1991 Deutsche Verlags-Anstalt GmbH, Stuttgart.

JOACHIM SARTORIUS

Geb. 1946 in Fürth. Studium der Rechts- und Politikwissenschaften. Diplomatischer Dienst. Generalsekretär des Goethe-Instituts. Lebt in München.

J. S.: Keiner gefriert anders. Gedichte. Köln: Kiepenheuer & Witsch, 1996. (1) S. 48. (2) S. 49. – © 1996 by Verlag Kiepenheuer & Witsch, Köln.

ULRICH SCHACHT

Geb. 1951 in Hoheneck (Sachsen). Aufgewachsen in Wismar (Mecklenburg). 1973 wegen »staatsfeindlicher Hetze« zu langjähriger Haft verurteilt. 1976 in die Bundesrepublik entlassen. Politologie- und Philosophiestudium. Lebt als Kulturredakteur und freier Schriftsteller in Hamburg.

U. Sch.: Lanzen im Eis. Gedichte. Stuttgart: Deutsche Verlags-Anstalt, 1990. (1) S. 11. – © 1990 Deutsche Verlags-Anstalt GmbH, Stuttgart.
Von einem Land und vom andern. Gedichte zur deutschen Wende 1989/1990. Mit einem Essay hrsg. von Karl Otto Conrady. Frankfurt a. M.: Suhrkamp, 1993. (2) S. 40.
Gedichte und Interpretationen. Bd. 7: Gegenwart II. Hrsg. von Walter Hinck. Stuttgart: Reclam, 1997. (Universal-Bibliothek. 9632.) (3) S. 122.

RAOUL SCHROTT

Geb. 1964 (auf einem Schiff zwischen Südamerika und Europa). Kindheit in Tunis und Landeck. Studium in Innsbruck, Norwich, Berlin, Paris. Sekretär bei Philippe Soupault. Buchhändler bei Shakespeare & Company in Paris. Germanistiklektor am Istituto Orientale in Neapel. Habilitation. Lebt zur Zeit in Irland.

R. Sch.: Tropen. Über das Erhabene. München/Wien: Hanser, 1998. (1) S. 22 f. (2) S. 78 f. (3) S. 84 f. – 1998 Carl Hanser Verlag GmbH & Co., München und Wien.

WERNER SÖLLNER

Geb. 1951 in Neupanat/Horia (Rumänien). Studierte Physik, Germanistik, Anglistik. Verlagslektor in Bukarest. 1982 Übersiedelung in die Bundesrepublik Deutschland. Lebt als freier Autor bei Frankfurt a. M.

W. S.: Der Schlaf des Trommlers. Gedichte. Zürich: Ammann, 1992.
(1) S. 25. (2) S. 11. – © 1992 Ammann Verlag & Co., Zürich.

HANNELIES TASCHAU

Geb. 1937 in Hamburg. Verlagsarbeit. Seit 1967 freiberuflich. Lebt in Hameln.

H. T.: weg mit dem Meer. Gedichte. Frankfurt a. M.: Luchterhand, 1990. S. 69 f. – Mit Genehmigung von Hannelies Taschau, Hameln.

JÜRGEN THEOBALDY

Geb. 1944 in Straßburg. Aufgewachsen in Mannheim. Studium der Literaturwissenschaft in Heidelberg und Köln. Lebt in Bern.

Jahrbuch der Lyrik 1996/97. Welt, immer anderswo. Hrsg. von Christoph Buchwald, Michael Buselmeier, Michael Braun. München: C. H. Beck, 1996. S. 40. – Mit Genehmigung der Friedenauer Presse, Berlin.

HANS-ULRICH TREICHEL

Geb. 1952 in Versmold (Westfalen). Germanistikstudium an der FU Berlin. Promotion über Wolfgang Koeppen. Lektor an den Universitäten Salerno und Pisa. Germanistikprofessor in Leipzig.

H.-U. T.: Der einzige Gast. Gedichte. Frankfurt a. M.: Suhrkamp, 1994. (1) S. 29. (2) S. 13. (3) S. 16. (4) S. 11. – © 1994 Suhrkamp Verlag, Frankfurt am Main.

Der Verlag Philipp Reclam jun. dankt für die Nachdruckgenehmigung den Rechteinhabern, die durch den Textnachweis und einen folgenden Genehmigungs- oder Copyrightvermerk bezeichnet sind. In einem Fall war der Rechteinhaber nicht festzustellen. Hier ist der Verlag bereit, nach Anforderung rechtmäßige Ansprüche abzugelten.

Weiterführende Literatur

Braun, Michael: In aufgerissenen Sprachräumen. Eine Begegnung mit Gedichten der neunziger Jahre. In: Deutschsprachige Gegenwartsliteratur. Wider ihre Verächter. Hrsg. von Christian Döring. Frankfurt a. M. 1995. S. 271–286.
– / Buchwald, Christoph / Buselmeier, Michael (Hrsg.): Jahrbuch der Lyrik 1996/97. Welt immer anderswo. München 1996. [Interpretationen vorwiegend zu Gedichten der neunziger Jahre.]
– / Thill, Hans (Hrsg.): Das verlorene Alphabet. Deutschsprachige Lyrik der neunziger Jahre. Heidelberg 1998.
Detering, Heinrich: Körperrest, aufmüpfig. Bemerkungen zur neueren westdeutschen Lyrik. In: ndl. neue deutsche literatur 10 (1993) S. 130–141.
Drews, Jörg: Die neue Unersetzlichkeit der Lyrik. Zehn Abschnitte zur deutschen Gegenwartslyrik. In: Lyrik. Über Lyrik. Hrsg. von Karl Heinz Bohrer und Kurt Scheel. Stuttgart 1999. (Merkur. Sonderh. 600. Doppelh. 3/4.) S. 309–323.
Elm, Theo: Weibliche Lyrik in der deutschen Gegenwartsliteratur. In: Frauen Literatur Geschichte. Schreibende Frauen vom Mittelalter bis zur Gegenwart. Hrsg. von Hiltrud Gnüg und Renate Möhrmann. Stuttgart/Weimar 1999. S. 340–351.
Engeler, Urs (Hrsg.): Zwischen den Zeilen. Eine Zeitschrift für Gedichte und ihre Poetik. Nr. 1 ff. Winterthur 1992 ff. [Ersch. vierteljährl.]
Grünbein, Durs / Oleschinski, Brigitte / Waterhouse, Peter: Die Schweizer Korrektur. Basel 1995.
Hilton, Ian: ›Erlangte Freiheit, verfehlte Identität‹. Reflections on Lyric Poetry of the 1990s. In: The New Germany. Literature and Society. Hrsg. von Osman Durani, Colin Good, Kevin Hilliard. Sheffield 1995. S. 252–273.
Hinck, Walter (Hrsg.): Gedichte und Interpretationen. Bd. 7: Gegenwart II. Stuttgart 1997.
Leitner, Anton G. (Hrsg.): Das Gedicht. Zeitschrift für Lyrik, Essay und Kritik. H. 1–7. Weßling bei München 1993–99.
Petersdorff, Dirk von: Was ist an Kitzbühel so schlimm? Junge

Lyrik: Fünf Porträts, ein Essay, ein Gedicht. In: Neue Rundschau 3 (1993) S. 88–105.

Reich-Ranicki, Marcel (Hrsg.): Frankfurter Anthologie. Gedichte und Interpretationen. Bd. 13–22. Frankfurt a. M. 1990–99.

Sartorius, Joachim (Hrsg.): Minima Poetica. Für eine Poetik des zeitgenössischen Gedichts. Köln 1999.

Schrott, Raoul: Pamphlet wider die modische Dichtung. In: Vom schwierigen Vergnügen der Poesie. Hrsg. von Sabine Küchler und Denis Scheck. Straelen 1997. ²1998. S. 63–75.

– Der Katalog der Poesie oder über die Funktionalität ihrer Formen. In: Minima Poetica. Für eine Poetik des zeitgenössischen Gedichts. Hrsg. von Joachim Sartorius. Köln 1999. S. 37–43.

Wittstock, Uwe: Vier Neue: postmoderne Tendenzen in der deutschsprachigen Lyrik. In: Neue deutsche Rundschau 105 (1994) H. 4. S. 137–140.

Gedichtüberschriften und -anfänge

Deutsche Gedichte des 20. Jahrhunderts

IN RECLAM-ANTHOLOGIEN

Philipp Reclam jun. Stuttgart

Lyrik-Anthologien
aus der deutschen Literatur

Auswahl

Blumen auf den Weg gestreut. Gedichte. (H. Wunderlich) 308 S. 16 Farbabb. Geb.

Deutsche Balladen. (K. Nussbächer) 647 S. UB 8501 – auch geb.

Deutsche Gedichte. (D. Bode) 368 S. UB 8012 – auch geb.

Deutsche Gedichte 1930–1960. (H. Bender) 463 S. UB 7914

Deutsche Gedichte der sechziger Jahre. (H. Piontek) 294 S. UB 8211

Deutsche Gedichte des 18. Jahrhunderts. (K. Bohnen) 455 S. UB 8422 – auch geb.

Deutsche Liebeslyrik. (H. Wagener) 429 S. UB 7759 – auch geb.

Deutsche Lyrik-Parodien aus drei Jahrhunderten. (Th. Verweyen / G. Witting) 335 S. UB 7975

Deutsche Naturlyrik. (G. E. Grimm) 539 S. Geb.

Deutsche Unsinnspoesie. (K. P. Dencker) 117 S. UB 9890

Fünfzig Liebesgedichte. (H. Wagener) 104 S. UB 18008

Gedichte des Barock. (U. Maché / V. Meid) 413 S. 4 Abb. UB 9975

Gedichte des Expressionismus. (D. Bode) 261 S. UB 8726

Gedichte der Romantik. (W. Frühwald) 532 S. UB 8230 – auch geb.

Großstadtlyrik. (W. Wende) 413 S. 10 Abb. UB 9639

»Komm, heilige Melancholie«. Eine Anthologie deutscher Melancholie-Gedichte. (L. Völker) 592 S. 36 Abb. UB 7984 – auch geb.

Konkrete Poesie. (E. Gomringer) 176 S. UB 9350

Kristallisationen. Deutsche Gedichte der achtziger Jahre. (Th. Elm) 182 S. UB 8827

Lyrik der neunziger Jahre. (Th. Elm) 154 S. UB 18048

Lyrik des Exils. (W. Emmerich / S. Heil) 511 S. UB 8089

Lyrik des Naturalismus. (J. Schutte) 260 S. UB 7807

Lyrik für Leser. (V. Hage) 159 S. UB 9976

Moderne deutsche Naturlyrik. (E. Marsch) 336 S. 6 Abb. UB 9969

Nichts ist versprochen. Liebesgedichte der Gegenwart. (H. Gnüg) 254 S. UB 8559

Rheinreise. Gedichte und Lieder. (W.-D. Gumz / F. J. Hennecke / W. Ross) 415 S. 21 Abb. Geb.

Die vier Jahreszeiten. Gedichte. (E. Kleßmann) 291 S. Geb.

Philipp Reclam jun. Stuttgart

Lyrik-Ausgaben

IN RECLAMS UNIVERSAL-BIBLIOTHEK

Deutsche Literatur · Auswahl

Philipp Reclam jun. Stuttgart

Gedichte und Interpretationen

IN RECLAMS UNIVERSAL-BIBLIOTHEK

Philipp Reclam jun. Stuttgart

Moderne deutsche Naturlyrik

Herausgegeben von Edgar Marsch
336 Seiten. UB Nr. 9969

Auf der Suche nach einem Leben der Zukunft versichern wir uns heute neu der Natur. Die Naturlyrik, deren »Gegenstände« vordergründig Landschaft, Tages- und Jahreszeiten, Pflanzen und Tiere und vielleicht noch Heimat und Reise sind, spannt sich inzwischen vom Mythos göttlicher Schöpfung bis zum kritischen Umweltgedicht. Nicht nur als vergangene heile Welt, sondern ebenso als Utopie und Alternative findet sich Natur im Gedicht.

Die moderne Naturlyrik beginnt nach dem Expressionismus mit der naturmagischen Dichtung Loerkes und Lehmanns und hat sich in den letzten fünfzig, sechzig Jahren mit mehreren Höhepunkten, aber eigentlich kaum unterbrochen fortentwickelt. Verstanden sich die ersten Autoren noch als Leser im »Buch der Natur« und Entzifferer einer Bilderschrift, als Beschwörer einer magischen Realität, so trat mit den folgenden Autorengenerationen neben die »chlorophyll-grüne Wildnis« (Krolow) der Mensch, stand die geschichtliche Zeit in Spannung zur Natur und stellte sich auch das Problem neu, den Dingen der Natur mit der Sprache nachzukommen. So spielten sich gerade in diesem Stoffbereich auch wichtige poetologische Prozesse der neueren Literatur ab.

Philipp Reclam jun. Stuttgart